JN209374

感じるココロの不思議

共感の学校

気持ちが合う人間関係

串崎真志

木立の文庫

感じるココロのワンダーランドへようこそ

こんにちは。この本で初めてお目にかかります串崎真志（まさし）です。私が心理学を勉強し始めて、三十年以上が経ちました。長らくの研究テーマは〝感じるココロ〟です。最近、そのテーマを〈共感・直感・好感〉そして敏感という四つの面でとらえると据わりがよいことに気づきました。さらに、この四つをバランスよく上手に使うことで元気になるとも感じています。当ブックレットは、そんな現段階の私のひとつのまとめです。

　このブックレットのユニークな特色なのですが、心理学の話が半分ぐらい、〝心理学を超えた話〟が半分ぐらいを占める構成になっています。たとえば「テレパシーはあるのか」(緑の巻)、「大いなる存在に導かれている感覚とは何か」(黄の巻)、「死後の意識はどうなるのか」(赤の巻)などを、真面目に考えてみました。


　心理学を超えるとはどういうことでしょう?

　私たちはふたつの世界に住んでいると思うのです。まずは「真実は一つで、それは皆に共通する」という客観世界、そして「一人ひとり違う」という主観世界です。後者の主観世界がお互いにつながる瞬間を〝意味の世界〟と呼ぶならば、そこに、いわゆる精神世界や超能力が住まうのではないか、と考えて今回のブックレットの味わいのひとつとしてみました。

＊　＊　＊

そうしたことで、この《感じるココロの不思議》ブックレットは、三巻（そして別巻）で構成されています。各巻の内容を、簡単に紹介しておきましょう。

緑の巻は『共感の学校――気持ちが合う人間関係』。気持ちが合う（合わない）という現象は、「感じるココロ」のなかでも、もっとも不思議なことです。それを〝共感〟のはたらきとして考えてみましょう。心理学による共感の定義や、気持ちが伝わるしくみから、「遠くにいる人と、気持ちがつながることはあるのか」という話題まで、広く解説していきます。

黄の巻は『直感の学校――ひらめきを大切にする暮らし』です。

読者の皆さんは、日常生活の判断や決定に、〝直感〟をどれくらい使っているでしょうか。ここでは、直感を六つ（熟達、ひらめき、第六感、エンパス、スピリチュアル、シンクロニシティ）に分類して考えていきましょう。「こういう直感もあったのか！」と驚かれることと思います。

赤の巻は『好感の学校――ポジティブ・エネルギーで生きる』。〝好感〟を「ポジティブ・エネルギーをもっていること」と捉え、そのエネルギー（日本語でいう「気」に相当するもの）の謎を考えていきましょう。目に見えない不思議な現象の数々、そして「感じるココロ」そのものの神秘にも迫りたいと思います。

そして別巻『敏感の学校――繊細少女マイの日常』は、小説です。女子高校生マイをはじめとする登場人物たちが成長していく―

年間を描いたフィクションで、読むだけで元気になるようなライトノベル「繊細ココロよみもの」を目指しました。ウェブ上で、無料で読んでいただけるように、ＵＲＬリンクを用意しました。各巻の奥付頁をご覧ください。

それでは、これから《感じるココロ》を共感・直感・好感という三つの面から学んでいきましょう。各巻の内容は独立しているので、お好きな巻から読んでくださって結構です。

また、このブックレットでは、各巻のどこからでも気楽に読み進めて頂けるように、ひとつのトピックを見開き二ページで解説します。皆さんが休みの日、思い思いに森や河原を散歩するように、ぷらっと楽しんでくださいますでしょうか。

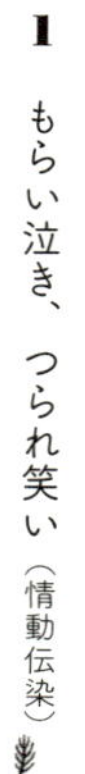

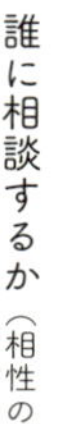

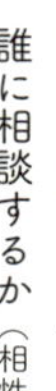

contents

こんにちは

“共感”の学校でお目にかかる皆様へ

《感じるココロの不思議》緑の巻は、『共感の学校――気持ちが合う人間関係』と題して、「気持ちが合う」「気持ちが伝わる」という現象について考えていきましょう。

私たちの日常生活には、気持ちが合うことや気持ちが伝わることを意味する言葉がたくさんあります。

「以心伝心」という言葉は、辞書によると「無言のうちに心が通じ合うこと」（小学館デジタル大辞泉）を意味します。日常生活では、言葉にしなくても伝わるような、親しい間柄やチームの結束を指します。もともとは禅の用語で、「仏法の奥義を、言葉や文字を借りず、師の心から弟子の心に伝えること」に由来するようです。

仏教の故事に由来する「拈華微笑」も同様の意味です。
似た言葉に「阿吽の呼吸」があります。こちらは、「二人以上で一緒に物事を行うときの、互いの微妙な気持ち。また、それが一致すること」とあります〔同書〕。日常生活では、タイミングの合った動作やチームワークを表すのに使われます。ちなみに「阿吽」はサンスクリット語が語源で、阿と吽の音で真理を表したものだそうです。

同様に、お互いに呼応し、共鳴し、意気投合して、打てば響く間柄を、「つうかあの仲」と呼ぶことがあります。また、「息が合う」「反りが合う」「馬が合う」「気が合う」「肌が合う」「心が重なる」という表現もよく使われます。

夫婦の仲良さを表す「琴瑟相和す」や、友人同士が胸襟を開き、腹を割って、気心が通じ合うようすを表す「肝胆相照らす」という言葉も、聞いたことがあると思います。

本書では、気持ちが合うことを、「以心伝心」や「阿吽の呼吸」の現象と捉えておきましょう。言葉を使わずに意思疎通できたり、動作のタイミングが自然に合うというニュアンスが含まれます。

日常生活の中で、気持ちが合う相手や場面を思い出してみましょう。

- 二人はいつも気持ちが合う親友だ。
- 会った瞬間に気が合うとわかった。
- 何も言わなくても、相手の気持ちが伝わってきた。
- 奇遇なことに、道でばったり出会った。

ここには、「言葉を使わずに意思疎通できる」「タイミングが自然に合う」という二つの特徴がありそうです。そこで本書では、気持ちが合うことを、「言葉なしで伝わったり、タイミングが自然に合ったりするコミュニケーション」と定義しておきます。

考えてみると、気持ちが合うというのは、単に仲が良いだけではありません。仲良くなるにつれて、気が合うようになる相手もいれば、それほどでもない相手もいます。この違いが、「相性」の良し悪しなのかもしれません。気持ちが合う相手は、相性が良い相手です。皆まで言わずとも、全部を説明しなくても、察し合えるような間柄です。

ところで、気が合う相手、相性の良い相手が、自分と似た性格の場合もあれば、違うこともあります。これは、どういうことなのでしょう。相性には何か科学的な法則があるのでしょうか〔room 4：6〕。

あるいは、第一印象で「この人とは気が合いそう」とわかる場合もあります。このような直感は、なぜ生じるのでしょうか。根拠のないひらめきは、正しいのでしょうか。テレパシーのような遠隔コミュニケーションは、はたして存在するのでしょうか〔room 7：1〕。

これらのことについても、とりあげていこうと思います。

room 1 気持ちが合うココロ

心理学では、気持ちが合うことを〝共感〟のはたらきのひとつと考えます。最初に、共感について説明しましょう。共感の定義は意外に複雑です。共感は思いやりと同じなのでしょうか？動物たちも共感するって本当でしょうか？「共感の学校」の始まりです。

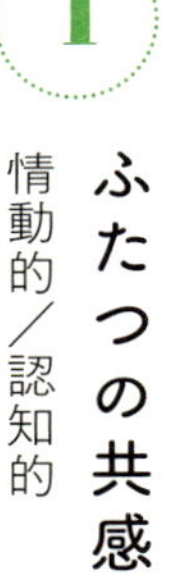

ふたつの共感
情動的／認知的

気持ちが合うことを心理学で説明するなら、〝共感〟という概念がもっとも近いと思います。心理学では、気持ちが合うことを、共感のはたらきのひとつと捉えます。そこで、このroom1では話題を少し広げて、共感について説明していきましょう。

共感とひとことで言っても、意外に複雑で、いろいろな共感があります。一例として、次のような母と娘の会話を想像してください。

『今日は仕事がたいへんで、疲れているみたいね』

これは、娘が母親の「気持ちを察して」いる共感です。このように、相手と気持ちを共有する共感を、〈情動的共感〉といいます。
もうひとつ、親の苦労がわかる年齢になった娘から、母への声かけです。

『当時は仕事がたいへんだったなか、私たちをよく育ててくれたのね』

これは、娘が母親の苦労を「理解した」という共感です。このように、相手の状況・立場・考えを理解する共感を［認知的共感］といいます。
もちろん、母親の苦労を理解することで、そのときの母親の気持ちも理解できるわけです。したがって、相手の気持ちを理解する共感もあります。気持ちを理解する共感は、相手の状況・立場・考えの理解が先にあるという点で、［認知的共感］に分類されます［room1：8］。

脳のはたらきで

ミラーニューロン

二種類の〝共感〟のうち、〈情動的共感〉は受動的な（感じられる）共感、〈認知的共感〉は能動的な（考える）共感と捉えていただいても、結構です。

なぜ、このように分ける必要があるのでしょうか。

心理学では、共感を**脳のはたらき**と考えます。〈情動的共感〉と〈認知的共感〉では、それぞれ担当している脳の部位が違うのです。

本書は脳科学の本ではないので、脳の部位を覚えていただく必要はないのですが、いちおう名称だけ書いておきましょう。

〈情動的共感〉の脳としては、下前頭回や島皮質前部、そして下頭頂小葉があります。〈認知的共感〉の脳としては、側頭頭頂接合部、前頭前皮質内側部、そして上側頭溝があります。〝共感〟に関わる脳は、これ以外にもたくさんありますが、本書では深く立ち入りません。

このうち、下前頭回、島皮質前部、下頭頂小葉、上側頭溝は〈ミラーニューロン〉システムと呼ばれます。ミラーニューロンは、イタリアのジャコモ・リゾラッティが一九九〇年代に発見した、サルが人の動作を観察するときに活動する部位です。この部位は、ヒトでいうと下前頭回（ブローカ野、つまり運動性言語中枢）に相当します。このことから、動作模倣（ジェスチャーなど）が言語の学習にかかわることもわかったのです。

さて、なぜ脳の話が重要かというと、〝共感〟の特徴や性質が明確になるからです。例えば、側頭頭頂接合部は、気づきや「ふりかえり」にかかわる部位で、前頭前皮質内側部は自己制御にかかわる部位です。つまり、認知的共感で、相手の状況・立場・考えを理解しようとするとき、脳のはたらきとしては、「自分がその状況にあったら……」と想像しているのです。

カウンセリングで大切な

共感的理解

ここからは、心理学において〝共感〟がどのように研究されてきたのか、その歴史を簡単にたどってみましょう。

時代は一九五〇年代に遡ります。臨床心理学者のカール・ロジャーズは、共感がカウンセリングで重要であることを、最初に説いた人物です。ロジャーズは、カウンセラーが身に付ける態度のひとつとして、共感的理解をあげました。

彼のいう共感的理解のポイントは二つあります。ひとつは、カウンセラーが自分の感じ方を脇に置いて、可能なかぎりクライエント（相談者）の内的照合枠に身を置くことです。彼はこう書いています。[1]

相手の私的な知覚の世界に入り込み、そのなかで徹底的にくつろぐことを意味する。相手が経験している恐怖や怒り、優しさ、混乱など、相手のなかに流れている感じられる意味の変化に対して、瞬間瞬間に敏感になることである。一時的にその人の人生に身を置き、判断を下すことなくそのなかを繊細に動き回り、その人がほとんど気づいていない意味を感じ取る。しかし、本人がまったく気づいていない感情を暴こうとはしない。

もうひとつは、それを「あたかも自分自身の体験であるかのように」感じることです。そのときのカウンセラー自身の「内臓感覚」、つまり**身体の感覚**が大切だといいます。

これを現代の共感理論でいうなら、認知的共感、特に相手の気持ちを考える感情的メンタライジングと、情動的共感を合わせた、複合的な共感理論といえるでしょう。ロジャーズの理論を発展させて、「理解を試す」「知覚をチェックする」という要素を取り入れた、対人的共感過程という新しいモデルも提唱されています。[2]

私は、〝共感〟を中心にした心理療法は、古くて新しいテーマであり、今後ますます重要になると考えています。

援助につながるか？

苦痛にふれると

一九八〇年代に入ると、社会心理学者のマーク・デイビスが、相手を助ける行動や利他的な行動を導く感情として、〝共感〟を精力的に研究しました。[1]

共感イコール「援助」や「利他」だと思う人は多いことでしょう。しかし、現在の心理学では、必ずしもそう捉えません。デイビスは、「援助行動につながらない共感」もあると考えました。例えば個人的苦痛です。相手のネガティブな感情に呼応して、こちらも不快な感情になり、あたふたしてしまう状態です。

これをもとに、デイビスは【対人反応性指標】という質問紙を開発しました。[2]これは現在もよく使われる有名な尺度で、次の四つの下位尺度を含んでいます。

- **空想尺度**――自分に起こるかもしれないことを定期的に夢想したり空想したりしている。
- **視点取得**――私は決定を下す前に、意見の相違のすべての側面を見るようにしている。
- **共感的関心**――私は自分より恵まれていない人びとに対して、優しく、思いやりの感情をときどきもつ。
- **個人的苦痛**――緊急時の状況では、私は不安で落ち着かない感情になる。

ただしマーク・デイビスは、個人的苦痛が高くても、共感的関心が高ければ、援助行動は生じると報告しています。[3]

【対人反応性指標】の話は、本書のあちこちに登場するので、できれば覚えておいてください。

気持ちが伝わってくる

情動伝染

一九九〇年代に入ると、社会心理学者のエレイン・ハットフィールドが「感情理解」の研究として、《情動伝染》という概念を導入しました。[1] 情動伝染は**相手の気持ちが伝わってくる**経験です。

感情が**群衆のなかで広がっていく**現象は、古くから知られていました。たとえば社会学者のギュスターヴ・ル・ボンは、『群衆心理』〔*La psychologie des foules*, 1895〕で、あらゆる情緒や行為が群衆のなかで感染的になると指摘し、群衆は催眠にかかったように感情的になっていく、と考察しました。

エレイン・ハットフィールドは家族療法家としての経験から、個人と個人の非言語コミュニケーション（表情、声のトーン、しぐさ、ジェスチャー）を通して、他者の感情が、自分のなかに**知らないあいだに生じている**現象に注目しました。

これをもとに【情動伝染尺度】が開発されました。いくつかあるのですが、ここでは「基本共感」尺度のなかの情動伝染の項目を挙げておきましょう。[2]

- 何かで悲しくなっている友だちと一緒にいたあと、私はいつも悲しい気持ちになる。
- 私は、ほかの人の気持ちに引っ張られやすい。
- 私はテレビや映画で悲しい場面を観ると、しばしば悲しくなる。
- 怖がっている友だちと一緒にいると、私も恐怖を感じやすい。
- 私はときどき、友だちと同じ気持ちでココロがいっぱいになる。

《情動伝染》は、現代では、SNSコミュニケーションで情報が拡散するようすや、〝共感〟を重視したマーケティングでも注目されています。

動物たちも共感？
共感の進化論

動物たちも共感する、というと驚く人も多いことでしょう。

二十一世紀に入ると、動物学者のフランス・ドゥ・ヴァールは、「情動伝染はチンパンジーにも生じている」と言及しました。[1]

彼の〈ロシア人形モデル〉によると、〝共感〟のもっとも原始的なかたちは、知覚・運動メカニズムによって、個体同士が**相手と同じ状態になる**ことだといいます。[2] 具体的には、動作模倣と情動伝染です〔room 3: 2〕。

それらを土台にして「同情」「関心」「慰め」が生じます。それらを踏まえて、共感のもっとも進化したかたちが〈視点取得〉と〈援助行動〉です。

ドゥ・ヴァールは、共感をさまざまな動物に共通する性質であると捉え、共感を動物研究に拡張した立役者といえるでしょう。『共感の時代へ』という本も書いています。[3]

《情動伝染》は今や、ラットなどの動物研究において精力的に研究されています。[4]

- ラットも人間と同じ共感力をもっており、傷ついている仲間を見ると悲しくなる。[5]
- ワタリガラスは、仲間へ感情を伝染させる能力がある。[6]
- 攻撃行動を反映するミラーニューロンが、マウスに存在する。[7]

といったことが報告されています。

どのように発達するか

ゼロ歳から

〝共感〟はどのように発達するのでしょうか。

社会神経科学者のジャン・デセティは、ヒトが生まれてから成長するなかで、共感は段階を追って発達すると考えました。[1,2] それは四段階で示されます。最後の段階に感情の「調節」まで含めた、包括的な共感モデルになっていることが特徴です。

● **感情共有** 乳児期から存在する、非自発的で身体運動感覚的な自他の共鳴の段階。情動伝染など。

● **自他覚知** 他者の気持ちに気づく段階。

●ココロの柔軟性　視点取得の段階。
●調節過程　自分の気持ちを調節する段階。

このうち［感情共有］は、ゼロ歳から生じる生得的なものです。心理学を習った人は、アンドリュー・メルツォフが一九七〇年代に報告した「新生児模倣」（舌出し模倣）の実験を思い出すかもしれません。私たちの社会性は、誕生直後から、誰にも教えられることなく、自然に展開していくようです。

デセティのいう「非自発的で身体運動感覚的な自他の共鳴」で代表的なのが、心拍同期〔room3: 3〕です。まさに、フランス・ドゥ・ヴァールが「個体同士が相手と同じ状態になること」と呼んだ現象です〔room1: 6〕。〝共感〟のもっとも原始的なかたちが、人生のもっとも初期に現れることは、興味深いといえるでしょう。

ちなみにデセティは、〝共感〟を神経科学・社会心理学・発達心理学・臨床心理学に重なるテーマとして発展させた研究者です。[3・4]

新しいモデル

運動・情動・認知プロセス

最近では〝共感〟を運動的共感／情動的共感／認知的共感の三つで捉える、というモデルもあります。[1]

- **運動的共感** 他者を観察しているときに、表情やボディランゲージの自動的模倣および同期が生じるプロセス〔room3: 02〕。
- **情動的共感** 他者の感情表現を観察しているときに、自己のなかで自律神経共鳴や情動伝染が経験されるプロセス〔room3: 03〕。
- **認知的共感** 他者の認知的および感情的な心理状態を特定し、理解するプロセス。

［認知的共感］に、感情的メンタライジング（相手の気持ちについて考える）と、認知的メンタライジング（相手の状況・立場・考えを理解する）の両方を含めていることも特徴です。

しかも、この三つは独立したものではなく、お互いに影響し合いながら〝共感〟という現象をかたちづくっています。このことは、「共感を訓練（練習）でどう伸ばすか」という話題にも関連します〔room5：2〕。

三要素	プロセス	メカニズム	例
●運動的共感	（まね、模倣）	シミュレーション	私は感じる〜
●情動的共感	（自律神経共鳴、情動伝染）	シミュレーション	私は感じる〜
●認知的共感	（メンタライジング）	視点取得	私はわかる〜

room 2 共感することの難しさ

最近の研究では、〝共感〟が良いことだらけではないこともわかってきました。相手と同じ感情状態になる情動的共感は、ときに「共感疲労」のもとになります。このような共感のダークサイドを見ていきましょう。

共感は注意を狭める

反－共感論

ここまでは「共感はいいことだ」という論点で述べてきました。はたして、そうでしょうか。最近の研究は、共感が必ずしも良いこと**ばかりではない**ことを明らかにしています。

その代表者が、発達心理学者のポール・ブルームです。彼は二〇一六年に『反共感論』という興味深い本を刊行して、話題を呼びました。[1] ブルームは、共感（特に情動的共感）はスポットライトのようなものだ、といいます。それは注意を狭めてしまうので、公共政策など、人を広く援助する動機には適さないだろう。「理性的な思いやり」のほうが重要だ、と主張するのです。

精神科医の岡野憲一郎も、このような議論を踏まえ、治療者に必要な共感は情動的共感よりも情動的ＴＯＭだという内容を書いていますⅰ「Ｓ共感とＧ共感」『寄りそうことのむずかしさ』木立の文庫、二〇二三年〕。情動的ＴＯＭとは〈感情的メンタライジング〉（相手の気持ちについて考えること）ことです。

これらの指摘はたいへん重要です。情動的共感は「相手と同じ感情状態になること」ですが、それが、必ずしも**他者の助け**になるわけではないわけです。すなわち、

- 情動伝染によって
- 相手の苦痛を共有することが
- 個人的苦痛を生じさせ
- 相手を避けたい気持ちにつながるとき

利他・協力行動は生まれにくいのです〔room4: 04〕。

共感しすぎてしまうと

共感疲労

これに関連して、共感疲労という言葉があります。

〈共感疲労〉は一九九〇年代に、対人援助職の職業ストレス研究のなかで登場した言葉です。他者を助ける職にある人が、傷ついた人々をケアすることに疲弊し、不眠や抑うつ、仕事に対する満足の低下、判断力の低下などが生じて、相手を十分にケアできない状態になることを、アメリカの心理学者チャールズ・フィグリーは共感疲労と呼び、「ケアの代償」と指摘しました。

共感疲労は「燃え尽き」と似ています。燃え尽きは、情緒的消耗感（体も気持ちも疲れ果てたと思うことがある）、脱人格化（同僚や患者の顔を見るのも嫌になることがある）、個人的達成感の減少（いまの仕事に、ココロから喜びを感じられなくなる）という状態をいいます。

しかし共感疲労は、「燃え尽き」より重い状態、トラウマ的な反応に近い状態を指します。

そして〈共感疲労〉のなかでも、実際にトラウマを負った人に接することで、こちらが心的外傷後ストレス障害の症状を呈してしまうことを、「二次的トラウマ性ストレス」と呼びます。例えば、児童虐待を扱うソーシャルワーカーの一五％が、ＰＴＳＤの診断基準を満たす症状を抱えているという報告があります。[1]

また、アイルランドのがん治療に携わっている医療従事者一一七名を対象にした調査では、個人的苦痛と共感的関心が高いほど、二次的トラウマ性ストレスが高くなっていました。[2]

これは衝撃的な事実です。この現象は職務上、惨事を頻繁に経験する消防署員、警察官、報道関係者などにも見られ、「惨事ストレス」と呼ばれます。

人間のもつ残虐な側面や、堕落した側面、悲惨な状態を目の当たりにする職業の人は、要注意でしょう。

どこまで寄り添える？

負の側面

二十一世紀に入ると、この〈共感疲労〉が一般の人々にも生じることがわかってきました。一般の人々がメディアに触れることを通して、二次的トラウマ性ストレスの状態になることを、「メディアを見聞きすることによるトラウマ」と呼びます。[1] この現象は、二〇〇一年の九・一一同時多発テロで注目されました。[2]

このような共感疲労（メディア・エクスポージャーによるトラウマ）は、共感の**負の側面**のひとつと考えられます。マーク・デイビスのいう個人的苦痛（緊急時の状況で、私は不安で落ち着かない感情になる）は、まさにこのことを表していたのでしょう［room1: 4］。

戦争・災害・事件・事故などの惨事を映像などで視聴することで、気持ちが滅入るときは、情報を遮断したり、必要以上に責任を感じることのないように、工夫が必要です。

これは、共感することの難しさを物語っています。私たちは、相手に**自然に共感する**性質をもっています〔room3: 1〕。しかし、共感しすぎると、あるいは共感のしかたがまずいと、共感疲労が生じてしまいます。

もうひとつ。私たちは自然に共感する性質をもっているとはいえ、誰に対しても、同様に共感できるわけではありません。率直に言って、気が合いやすい相手もいれば、それほどでもない相手もいます。これは、いわゆる「相性」の良し悪しかもしれません〔room4: 6〕。私たちは誰に対しても寄り添えるわけではなさそうです。これは、共感の限界と呼ばれています。

このように〝共感〟については、その負の側面や限界も含めて、目を向けておく必要があります。

ココロが病むと

情動／認知の共感

精神疾患や心理的な問題を抱えている場合も、共感しづらくなるようです。例えば、パーソナリティ障害[1,2,3]、青年期の攻撃的な問題を抱えている場合[4]、いじめ加害の問題を抱えている場合は[5]、［情動的共感］と［認知的共感］の両方が低下します。ただしこれは、認知的共感と情動的共感の低い人がいじめの加害者になっている、とも解釈できます。

摂食障害[6,7]、自閉症[8]、ギャンブル障害[9]においては、主に［認知的共感］の低下が知られています。

精神病ハイリスク群[10]、マキャベリアニズム傾向[11]、ためこみ障害[12]、行為障害[13]においては、主として［情動的共感］の低下が報告されています。

また、性加害[14]については、［認知的共感］や［情動的共感］の低下に一貫した傾向は得られませんでした。性加害者にはさまざまな人がいるようです。

いずれにせよ、誰かに〝共感〟するには、共感**できるココロの余裕**が必要なのだと思います。例えば、模擬面接場面のようなストレス状況では、《情動伝染》が生じにくくなることが報告されています。[15] ただし男性においては、ストレスで共感精度が増加することもあり、一概にはいえません［room5：5］。

興味深いのは、行為障害（つまり冷淡な性質の高い）児童で、［情動的共感］の低下が一貫して認められるのに対して、［認知的共感］の低下は一貫していなかったことです。[13] おそらく詐欺などもそうでしょうが、人を巧妙に欺く背景には、情動的共感の低下の反面、認知的共感が保たれていることが、あるようです。

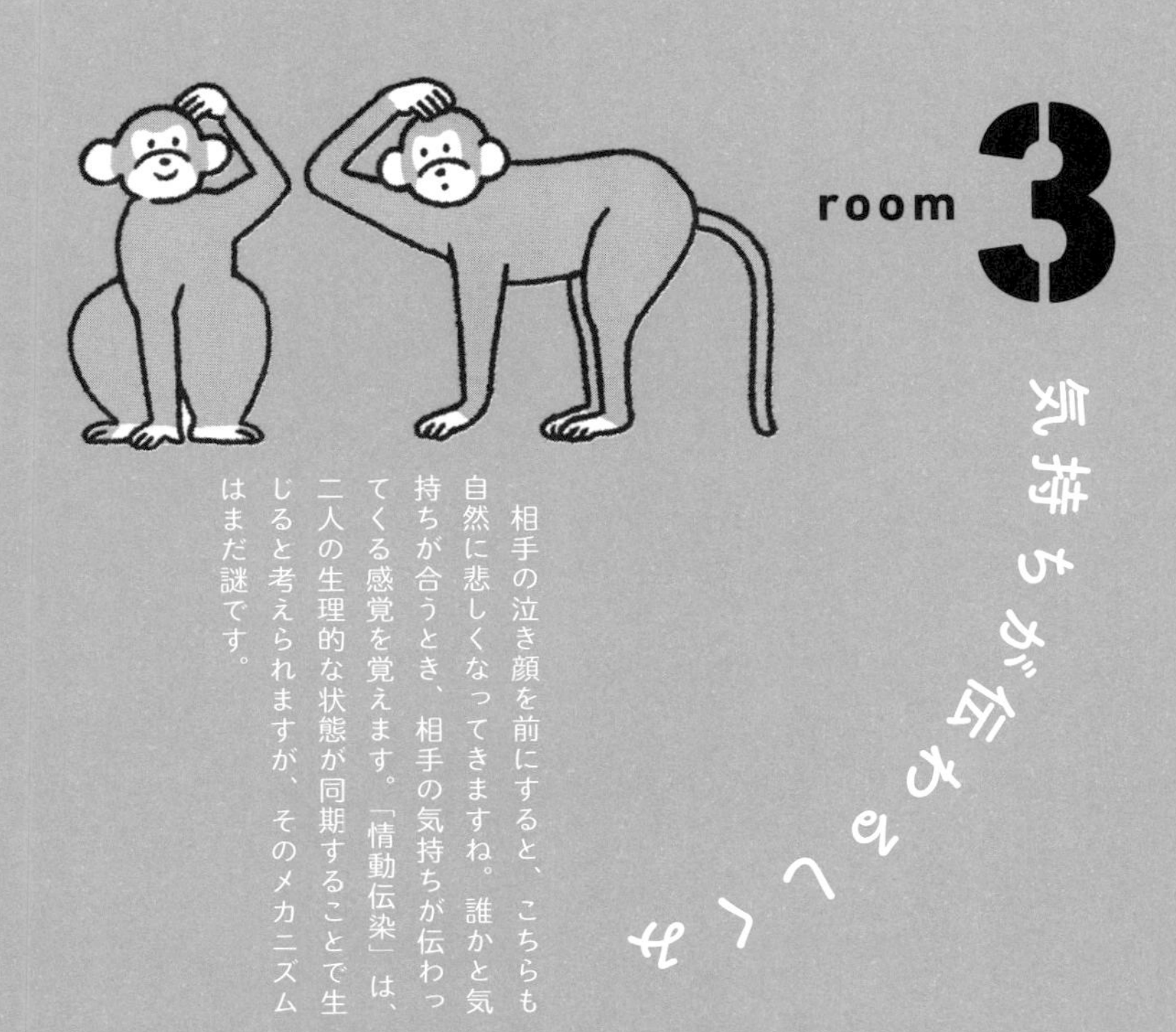

room 3

気持ちが伝わるへや

相手の泣き顔を前にすると、こちらも自然に悲しくなってきますね。誰かと気持ちが合うとき、相手の気持ちが伝わってくる感覚を覚えます。「情動伝染」は、二人の生理的な状態が同期することで生じると考えられますが、そのメカニズムはまだ謎です。

1 もらい泣き、つられ笑い

情動伝染

相手と気持ちを共有する共感を［情動的共感］といいます〔room1: 7〕。その中心的な経験が、エレイン・ハットフィールドのいう《情動伝染》、つまり「相手の気持ちが伝わってくる」という感覚です〔room1: 5〕。ここでは、情動的共感イコール情動伝染と考えていただいて、よいでしょう。

例えば、相手の泣き顔を前にすると、こちらも自然に悲しくなってきます。いわゆる、もらい泣きです。あるいは、相手がにっこり微笑んでいると、こちらも自然に笑顔になります。つられ笑いです。

そして、恐怖やストレスも伝染します。例えば、お化け屋敷は友達と一緒のほうが怖くなる、というのも恐怖が伝染するからといえるでしょう。[1] また、チェストバンド型の心拍計を着けて、心拍変動（心拍間隔の伸び縮み）を測定すると、模擬面接として画面に向かってスピーチしている本人と、同室でそれを観察している人の交感神経指標（LF/HF比と呼ばれるストレスの指標）は、見事に同期します。[2] これをストレス伝染といいます。

《情動伝染》は、〃気持ちが合う〃現象の第一段階です。情動伝染は、どのようなしくみ（メカニズム）で生じるのでしょうか。「情動伝染の神経認知モデル」が提唱されています。[3] これは、情動伝染が生じるしくみを、次の二つの要因で説明するモデルです。

- **動作模倣**　表情模倣、しぐさの模倣、アイコンタクトなど
- **自律神経同期**　ホルモン分泌の同期、心拍同期、瞳孔径の同期、赤面の伝染など

それでは、順に説明していきましょう。

同じポーズになる

動作模倣

〈動作模倣〉は、表情模倣（表情の自発的模倣）、しぐさの模倣、アイコンタクトなどを指します。例えば表情模倣は、知らないあいだに相手と同じ表情になっている現象です。[1] これは表情筋の動きを測定すると、よくわかります。模倣といっても、相手の表情を意図的に真似しているわけではありません。

日常生活では、もらい泣き、つられ笑いが相当します。表情模倣が《情動伝染》を生じさせることは、実験的にも明らかになっています。[2] 多くの研究を集約したメタ分析でも、表情模倣は［共感性］尺度と弱く関連します。[3]

痛みの共感や、あくびの伝染もそうです。痛みの共感は、注射されている人を見て、こちらも思わず眉をひそめる現象です。[4] あくびの伝染は、親しい間柄であくびが移りやすく、情動伝染のひとつと考えられます。十一歳の子どもを対象にした研究によると、あくびや笑いの伝染は［共感性］尺度と相関していました。[5]
また、自閉スペクトラム症の子どもは定型発達群に比べて、あくびや笑いの伝染が少ないようです。[5]

〈動作模倣〉には、会話している二人のしぐさやポーズが同じになる現象があります。ベンチに座っている二人が腕を組んだり、脚を組んだり、同じ姿勢になっていることがあります。一方が髪の毛を触ると他方も触ったり、一方がお茶を飲んだら他方も飲むというように、動作のタイミングが合うことも、よくあります。頷きの模倣は、もっともよく見られる現象でしょう。

　せきをする、鼻をする、からだを掻く、なども**伝染**（うつ）**りやすい**現象です。これらは反射的でもあり随意運動でもあり、難しいですが、〈動作模倣〉に含めてよいかもしれません。

鼓動が合う

自律神経の同期

〈自律神経同期〉は、二人のストレスホルモンの分泌、心臓血管系の反応、筋緊張などが、無意識的に同じ状態になるという現象です。おそらくミラーニューロン・システム（下前頭回、島皮質前部、下頭頂小葉、上側頭溝）の関与が考えられます［room1: 2］。なぜ同期するのかという根本的なしくみについては、明らかでありません。

ここでは、心拍同期を説明しましょう。[1]

母親と乳児がそれぞれ心拍計を付けて添い寝をしています。母親の心拍（脈拍）が六七、赤ちゃんが一〇三だとしましょう。母親だけにイヤホンで緊張感のある音楽（映画『ジョーズ』のサウンドトラック）を聴いてもらうと、母親の心拍は七〇に上昇します。すると、音楽を聴いていない赤ちゃんの心拍も一二〇に上がりました。次に、母親にリラックスする音楽を聴いてもらうと、六八に下降します。すると、赤ちゃんも九五まで下がったのです。

このように、母親と赤ちゃんの心拍が追いかけっこのように変動します。これを心拍同期と呼びます。例えば、セラピスト（カウンセラー）とクライエントの心拍変動（心拍間隔の伸び縮み）も同期するのですが、会話の内容によって同期したりしなかったりする、という報告もあります。[2]

この他にもさまざまな同期があります。瞳孔径（瞳孔の大きさ）の同期や瞬目同期（まばたきのタイミングが合うこと）も、自律神経同期に含めてよいかもしれません。また、自律神経同期は、覚醒している必要がないこともわかっています。恋人同士に実験室に来てもらい、脳波計を付けて二人で寝てもらいました。[3] すると、二人で寝るほうが（一人で寝るよりも）睡眠段階が似た、という報告があります。

このことは、相性がよければ相手を見る必要もないし、意識さえ必要ない。ただ一緒にいるだけで、お互いの生理的な状態が同期することを示唆しています。とても不思議です。

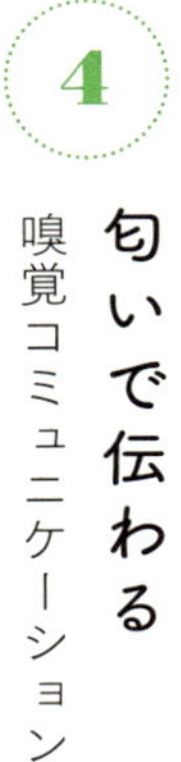

4 匂いで伝わる
嗅覚コミュニケーション

動作模倣と自律神経同期に加えて、嗅覚によるコミュニケーションも《情動伝染》に必要だ、と私は考えています。これは、化学信号（ケモシグナル）によるコミュニケーションとも呼ばれます。

前提として、人はそれぞれ固有の匂いを発しているということがあります。口臭をチェックして個人認証するシステムもあるそうです。[1] そして、人は気分によってさまざまな匂いを発します。[2]

ドイツの研究を紹介しましょう。[3] 映画館の排気口から観客の呼気を集め、ガスクロマトグラフィという装置で、揮発性有機化合物の成分を分析しました。

その結果、『ハンガー・ゲーム2』〔二〇一三年〕という映画で、ヒロインのドレスが燃え上がり、最後の戦いが始まるという重要な瞬間に対応して、イソプレンの濃度が上昇しました。イソプレンは、息を止めることや筋肉のけいれんに関連するそうです。また、イソプレンは、コレステロールを介したコルチゾール（ストレスホルモン）の生成に関連します。したがって、観客たちは、この場面で息を飲むほど緊張していたことが示唆されます。

また、呼気の二酸化炭素濃度は、観客の脈拍数と呼吸数の増減を表します。その時系列の変化は、映画の展開を表しているといえます。例えば、『スターウォーズ――フォースの覚醒』〔二〇一五年〕では、冒頭から一〇〇分までは、二酸化炭素濃度が増加しますが、一〇〇分をピークに急激に低下しました。一方、『バディ *Buddy*』（ドイツのコメディ映画）〔二〇一三年〕では、二酸化炭素濃度は、最後の最後まで高いままでした。

さらに、二酸化炭素濃度の経過パタンによって映画を分類したところ、『スター・ウォーズ』は意外なことに、『じゃあ、行ってきます *Ich bin dann mal weg*』〔二〇一五年〕というドイツのコメディ映画と類似していました。不思議です。

恐怖の匂い

脳が嗅ぎつける危険

匂いの話を続けましょう。人は匂いを嗅ぐことで、さまざまな反応を示します。[1] いずれも、本人が匂いの影響に気づかない、無意識的な反応です。これをどうやって検証するのでしょうか。

ある実験を紹介しましょう。[2]

まず、匂いのサンプルを集めます。実験の参加者に、脇の下に脱脂綿をつけた状態で、恐怖映画を三〇分間見てもらいました。映画は、スティーブン・キング原作の『シャイニング』〔一九八〇年〕です。見終わったら、恐怖で

汗びっしょりでした。その汗の染み込んだ脱脂綿を回収して、冷凍しておきます。統制条件として、別の参加者に、大自然のドキュメンタリー映画を三〇分間見てもらいました。その脱脂綿を、統制条件の汗として冷凍しておきました。

さて、それらを別の日に解凍して、別の参加者に嗅いでもらいます。脱脂綿を容器に入れて、鼻のそばで、蓋をそっと開けました。嗅いでもらうといっても、匂いがあるかないか、わからないほどです。

参加者には匂いを嗅ぎながら、いろいろな課題（漢字の印象を評定するなど）をやってもらいます。研究者は、そのあいだの参加者の顔面筋電図を測定しました。表情模倣の節で説明したような、表情筋の無意識的な動きを調べるためです［room3: 2］。

その結果、恐怖の匂いを嗅いだときは（統制条件の匂いを嗅いだときに比べて）、皺眉筋が動き、眉間にしわを寄せるような表情になっていました。

皺眉筋は、ネガティブな表情を作るときに使われる筋肉です。つまり、誰か怖い体験をした人の匂いを嗅ぐと、脳は危険を感じて、険しい表情を作るように表情筋に指示するのです。

さまざまな影響

赤ちゃんの頭の匂い

その他にも、次のような報告があります。

- 洗剤の匂いを嗅ぐと無意識的に、周囲をきれいにしようとする。[1]
- 面接試験を受けた人の汗を嗅ぐと、眼輪筋の動きが増大して、目を見開くような表情になった。[2]
- スカイダイビングした人の汗を嗅ぎながら恐怖の顔写真を見ると、手の汗（皮膚電気活動）が増加する。[3]
- ボクシングをした人の汗を嗅ぐと、脳の視床や視床下部（ストレスに関連する部位）が活動する。[4・5]
- 新生児の匂いを嗅いだ女性は、前頭前野が活性化する。[6]

- 微熱のある人の汗は、病気のような匂いに感じられる。[7·8]
- 総合格闘技の試合に負けた選手の匂いは、心地よさ（プレザントネス）が大幅に低下する。[9]

さらに、次のような研究もあります。

- 直感的に「気が合う」と感じる相手は、自分と体臭が似ている。[10]
- 脇汗に含まれる化学物質を嗅ぐと、相手に対する信頼が低下する。[11]
- 『ジャングルブック』を観た人の脇汗を嗅ぐと、大頬骨筋が反応する。[12]
- 赤ちゃんは母親の匂いがあれば、見知らぬ女性にも懐きやすくなる。[13]
- 赤ちゃんの頭の匂いは男性を落ち着かせ、女性を勇敢にする。[14]
- 女性が性的に興奮すると、男性はその匂いを嗅ぎ取ることができる。[15]

嗅覚が鋭いほど

気分は一致

嗅覚コミュニケーションが《情動伝染》に関連することを直接、検証した研究は、今までなかったのですが、このたび発表されました。[1]

参加者は友人（同性または異性）と一緒に試験会場に到着するように指示されました。二人は顔見知り程度で、同じ出来事をまだ経験していない間柄でした。

到着すると、彼らは別々の部屋で、そのときの気分を自己評定（ＰＡＮＡＳという感情測定）しました。そして、匂いスティック特定検査に臨みました。

これは、匂いの特定能力を測るものです。[2] 一六本のペンに家庭のさまざまな匂いが含まれています。実験者がペンのキャップを外し、ペン先を参加者の鼻孔の約二cm下に置き、左右に振って両方の鼻孔に最適な吸入ができるようにします。

それぞれのペンについて、参加者は四つの選択肢から正しいと思われる匂いを選ぶというものです。

次に、匂いを日常生活でどれくらい重視しているかについて、四段階で評定しました。例えば、「服を洗う必要があるかどうかを判断するために服の匂いを嗅ぐ」「特定の匂いがすぐに強い感情を呼び起こす」「パートナーが悪臭を放っている場合、私はキスを避ける」といった項目です。ここで第二回の気分測定。

その後、参加者は任天堂ウィー Wii のゲームプレイの操作を簡単に教えられ、その後、同伴した友人とチーム・ダブルスとなり、ウィー・スポーツ・テニスを一〇分間、プレイしました。そして第三回の気分測定。その後、参加者はさらに一〇分間、ジグソーパズルを完成させようとしました。最後の気分測定を求められました。

その結果、匂いの特定能力が高いほど、そして、日常生活で匂いを重視しているほど、二人の気分の程度は一致していたのです。

これは、気持ちを匂いで伝え合っている証拠といえるでしょう。

リズム感がよいほど
情動の伝染

ここで《情動伝染》に関する私の研究を紹介しましょう。

まず、リズム感が良いほど情動伝染が高いというデータです。[1]「人の音楽のビートに合わせて、手拍子を上手にできる」「音楽を聴いていると、体が自然にリズムを取っている」「音楽を聴くとき、リズムを意識しながら聴いている」などの質問を、自己評定してもらいました。二〇代男性でr =0.418の相関、二〇代女性でr =0.379の相関でした（相関係数〔r〕は、0から1の値をとり、数値が大きいほど関連が強いことを示します。負の係数は、一方が増大すると他方は減少するという関連を示します）。これは、ジャン・デセティのいうように、情動伝染の進化的起源が古いことを示唆しています〔room1: 6〕。

次に、朝型であるほど情動伝染が高いというデータです。[2]「午前中がいちばん考えが冴えている気がする」「私はふだん、午前中に気分が優れている」などで測定しました〔二〇代男性 r = .301、二〇代女性 r = .231 の相関〕。私は、朝型の人の共感と夜型の人の共感は、性質が違うのでは、という仮説を立てています。

さらに、情動伝染が高いほど「人生の意味を考える」という結果です。[3]「ふだん、人生で本当に大切なこと、すべきこと、したいことは何かについて、よく考える」「ふだん、本当の幸せとは何なのかについて、よく考える」などの質問です〔四〇代男性は r = .133 で有意な相関はなく、四〇代女性は r = .394 の相関〕。情動伝染が、物事を深く考えることにつながっていることがわかります。

最後に、情動伝染が高いほど「誰かをふと思い出す」ことが多いという結果です。[4]「ふだんの生活で、身近な人（家族や友人など）は今どうしているかなと、ふと思い出す」などの質問です〔四〇代男性 r = .657 の相関、四〇代女性 r = .370 の相関〕。このことは、情動伝染が「目の前にいない人に共感する」ことにもつながることを示唆します〔room7: 03〕。

room 4

共鳴と癒やしのメカニズム

〝気持ちが合う〟現象は、カウンセリングの場面で、相談者がカウンセラーに話して気持ちが改善するときにも生じています。これを「共鳴」という言葉で説明しながら、癒しの進化的起源について考えていきましょう。

心理カウンセリング

自律神経の同期

私が《情動伝染》に関心をもつのは、情動伝染が「癒し」に直結すると考えるからです。情動伝染は、ヒトが言語をもつ以前の狩猟採集の生活で、お互いに支え合い苦難を乗り越えるのに必要だったと、私は想像しています。つまり、癒しの本質だと考えます [room4: 4]。

《情動伝染》は人によって個人差が大きい性質で、情動伝染の高い人もいれば、低い人もいます。メンタルヘルスの専門家においてもそうで、情動伝染の高い専門家は、危機的状況にある患者に対して、適切に判断することが報告されています[1]。

また、セラピストとクライエントの自律神経が同期しているほど、心理療法で高い成果が得られます [room3: 3]。たくさんの研究がありますが、ここではひとつだけ紹介しておきましょう。

一六セッションの心理力動的療法（心理療法の方法のひとつ）に参加した患者とセラピストを調べました。[2]二人の皮膚電気活動および心拍変動を同時に計測し、主成分分析を行った結果、［二人に共有する成分］［患者の個別成分］［セラピストの個別成分］が抽出されました。セッションごとに回帰分析（どの成分の影響が強いかを計算）すると、共有成分が、セラピーの結果を予測していたのです。

また、セラピストとクライエントが**追いかけっこ**をしているような変動も、報告されています。[3]動機づけ面接（心理療法の方法のひとつ）の音声記録から、平均基本周波数を分析した結果、クライエントが感情的に不安定になると、セラピストの感情は安定的になることで、クライエントの感情調節を助けていることがわかりました。

苦痛を乗り越える

共鳴と変化

個人的苦痛とは、「相手のネガティブな感情に呼応して、こちらも不快な感情になる」状態で、共感の〝負の側面〟と呼ばれます〔room1: 4, room2: 3〕。しかしそうではあっても、「セラピストにとっては、患者の苦痛を理解するのに必要だ」という議論もあります。[1]

まず、セラピスト〔平均三六歳〕は、訓練中の学生〔平均二九歳〕に比べて、個人的苦痛が高いというデータがあります。[1] また、臨床経験が七年未満のセラピストでは、ミスをすることに対する心配が個人的苦痛を高めていたのに対して、それ以上の臨床経験のセラピストでは、もはや個人的苦痛と関連しませんでした。臨床経験を積むと、個人的苦痛の**意義**が変化してくると思われます。

このことから、個人的苦痛と情動伝染を合わせて〈共鳴〉として捉える臨床心理学者もいます。

心理療法の大学院研修三年目・四年目のセラピストは、研修一年目・二年目に比べて、身体感覚（「わたしは、自分が怒っているときに身体がどう変化するのか、に気づいている」）と、共鳴（「わたしは、友達が怒っているとき、たいていすぐにわかる」）が高いというデータもあります。[2] ここでいう共鳴は、情動伝染に近いと考えてください。

ところで〈転移〉は精神分析の重要な概念で、患者がセラピストに向ける感情のことです。転移は、過去の経験や人間関係が影響しています。たとえば、自分の両親に対する感情が、パートナーや子どもに伝染したり、新しい誰かに投映されたりします。

ただし、転移はセラピスト中心の概念であり、患者を中心に説明するなら〈共鳴〉や《情動伝染》と呼ぶのがよいという意見もあります。[3] そうとらえることで、患者の思いやり、つまり「他人の苦しみや苦痛を和らげたいという願望」や「自分や他人の苦痛に対して何かをしようとする決意」を引き出すことにつながるのです。

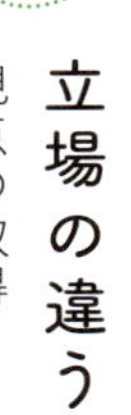

立場の違う人に

視点の取得

精神疾患と診断された人には、そこにない声が聞こえるような経験をしている人もいます。セラピストや対人援助の専門家は、それに対してどう〝共感〟するのでしょう。

そもそも私たちは、自分が経験していないことについて〝共感〟できるのでしょうか。男性が女性を、青年が中年を、障害をもたない人がもつ人を、日本人がアフリカの人たちを理解することは、可能でしょうか。

それを可能にするのが〈視点取得〉です。それは「相手の側から見る」ことであり、［認知的共感］の中心的なメカニズムです〔room1: 1,4,6-8〕。視点取得は経験と学習の産物なので、自分が経験していない人の話をどんどん見聞して、見方を広げることが大切でしょう。とはいえ、「自分がもし相手の側だったら……」という想像は、相手の経験そのものではなく、完全に理解することは不可能かもしれません。

ところで、カウンセリング心理学者のジェラルド・イーガンは、相手の経験・状況・行動をできるだけ正確に描写したうえで、「～なので、あなたはこう感じているのですね」という内容を伝えるのが、共感フレーズだと言いました。[1]

幻聴に対しては「聞こえてくる声が大きいと、イライラして物事がはかどらないのですね」というふうに。そのうえで、対策を話し合うことができるでしょう。たとえば「ただ……怖いと感じたからといって、誰かが家に侵入しているわけではありません。どうすれば、より安全を感じるでしょうか？」というように。

また、共感的な対話は、二人のあいだに不思議な感覚をもたらすようです。[2] 学生カウンセラー三名と経験豊富なセラピスト三名にインタビュー（半構造化面接）したところ、五名が「正しいという感覚」、つまり「これで間違っていない」という感覚（あるいは「良い気分だ」という感覚）をもったと回答しました。このような**なにかに導かれる**経験も、神秘体験のひとつかもしれません［room7：6］。

相手の苦痛を共有する

癒しの進化

ここで、〝癒し〟の進化的起源を考えてみましょう。

私たちが言語を獲得する以前の一〇万年前の社会においても、人びとは「つらい気持ち」をさまざまに経験し、それを慰め合うプロセスは存在したと想像されます。人びとが苦難を乗り越え、絆を回復するためには、情動伝染と「思いやり」が必要だった、と私は考えています。

「心理的癒しの進化」という概説論文によると、〝癒し〟は次のようなプロセスで生じます。[1]

- 情動伝染によって、
- 相手の苦痛を共有し、

●自身の苦痛を緩和できれば、
●相手を慰めたいという気持ちが生じ、
●慰め行動・グルーミングにつながる。すると、
●相手の苦痛が緩和され、
●協力過程が生まれ、
●進化的適応になる。

このように〝癒し〟の進化論を考える動きは、他にもあります。[2]
《情動伝染》は癒しの本質であり、出発点です。しかし、相手の苦痛を取り込んでも、それを自分のなかで緩和できなければ、〝癒し〟として機能しません〔room2: 1〕。
別の研究においても、同様のモデルが提案されています。[3]「共感」することで、情動伝染➡情動調節➡ケア動機づけ➡視点取得➡適応的（ケア）反応というプロセスを辿りますが、一方で情動調節がうまくいかないと、個人的苦痛が高まり、ケア動機づけが低くなり、燃え尽きにつながる、というわけです。

怖がり屋さんの優しさ

ケアの進化

恐怖という感情はやっかいです。

私は高いところが苦手なので、ときどき苦労します。私がヘンというよりも、他の動物たちが平気なのを羨ましく思います。鳥は空を自由に飛び、猿たちは樹上を行き来し、鹿は崖っぷちでも問題なさそうです。人にも個人差があって、例えば、スキー選手や高所の作業員や映画のスタント俳優など、怖れる気配のない人びともいます。

恐怖の感情が協力的ケアを進化させた、という論文を読みました。[1] それによると、ヒトは類人猿のなかで、もっとも怖がりのようです。ボノボ、チンパンジー、オランウータン、および二歳半のヒトの幼児を比較すると、ヒトは新しい対象を避ける傾向が高いのです。

ここで再び一〇万年前の暮らしを考えてみましょう。ヒトの集団生活にはたくさんの「恐怖」があったと想像できます。暗闇は、捕食者に襲われる恐怖を大きくしたでしょう。奥深い森や海や川は、豊かな食糧源ですが、リスクも大きかったはずです。悪天候は、食糧難や、得体の知れない病気を招く不安につながっていたと思います。

このような状況のなかで、「怖がり」の子どもは親から多くのケアを得ただろう、と推測できます。その子どもが成長すると、怖がり**だけど人に優しい**、人をケアする大人に育ちます。実際、七ヵ月時で恐怖に敏感な乳児ほど、一四ヵ月のときに大人を助けようとする、という実験もあります。[2]

つまり、恐怖心が高まり、苦痛に敏感であることは、ココロ優しく適応的なのです。この論文では、恐怖心の高まりは、おそらく過去一八〇万年（ホモ・エレクトスの時代）から徐々に出現し、強化されたのだろう、と書かれていました。

同じように、痛み・不安・気分の落ち込みなどが特定の状況で有利であったという、精神症状の進化的起源を考える研究者もいます。[3]

誰に相談するか

相性の科学

自分の悩みを誰に相談するかは、意外に大きな問題です。

気持ちが合うことで癒されるとしても、話を聞いてくれる相手なら誰でもいい、とはかぎりません。専門家であればいい、とはならないのです。

そもそも私たちは、仲が良い相手なら気持ちが合うとはかぎりません。いわゆる、「相性の良し悪し」があります。相性が良い相手なら《情動伝染》が生じやすく、皆まで言わずとも察してもらえるし、相談しやすいでしょう。

あなたはどういう相手に惹かれますか？　相談相手として、恋愛の対象として、家族になる人として、友人として……基準はさまざまだと思います。

ここでは、異性としての魅力を考えてみましょう。

ヒト白血球抗原（ＨＬＡ）という血液型があります。造血幹細胞移植をするときに重要な血液型です。Ａ、Ｂ、Ｃ、ＤＲ……と多くの座に、それぞれ多くの抗原型があり複雑です。ＨＬＡは免疫に関わる個人差であり、その多様性は感染症に優位だと考えられます。

ＨＬＡが自分と類似していない相手に魅力を感じる、という仮説がありました。結果は、自分とＨＬＡが似ている男性の顔写真に高い魅力を感じる女性と、似ていない男性を好む女性と、二パタンあることが報告されています。[1] また、類似性ではなく、ある部分（ＤＱＢ１）がヘテロ接合である人の魅力が高いという報告もあります。[2]

相性の要因のもうひとつは「匂い」です。まず、体臭に対する好みは、顔や声の好みと一致するそうです。[3] そして、母親は自分の子どもの匂いを好みます。[4] 興味深いことは、二番目に心地よいと感じた匂いは、自分の子どもと同じ年齢層で母親とＨＬＡが似ている、見慣れない子どもの体臭でした。

つまり、匂いや、ＨＬＡが〝相性〟の手掛かりになっている可能性はありそうです。**あなたは誰に相談しますか？**

room 5

共感力をトレーニングする

共感力はトレーニングで伸びるのでしょうか。
　答えは「イエス」。最近の心理学では、共感訓練のプログラムの開発と、その効果の測定が、たくさん報告されています。そんな最新の研究を見てみましょう。

1 おおきな個人差
遺伝と環境

〃共感〃は個人差が大きい性質です。共感性の高い人もいれば低い人もいます。マーク・デイビスが【対人反応性指標】を開発して以来、その個人差が何に関連するのか、調べられてきました［room1: 04］。

一卵性双生児と二卵性双生児の【共感性尺度】得点の類似度を調べることで、遺伝の影響を検討することができます[1]。その結果、［情動的共感］（他人と同様の感情を感じたり、同情したりすること）の遺伝の影響は四八・三％でした。これは、他のさまざまな性格と同程度といえます。

驚くべきは、［認知的共感］（他人の考えや感情を理解すること）における遺伝の影響は二六・九％と、たいへん低いことでした。しかも認知的共感は、家族の環境から一一・九％の影響を受けていました。これは比較的、大きな数値です。おそらく認知的共感には、家庭での経験が大きく影響していると考えられます。
認知的共感が「経験・学習」の産物であるならば、齢を経るほど認知的共感はアップしそうです。確かに、親の年齢になって初めてわかる親の苦労、というものはありますね。

ところが調べてみると、高齢者は若年者に比べて、認知的共感が低かったのです。[2]一方、情動的共感は同等でした。このことから、認知的共感はいわゆる認知機能のひとつとして、加齢による脳機能の低下の影響を受けるのです。

《情動伝染》に関しては、こういう研究もあります。[3]四〇八名の健康な学生の心電図、皮膚電気活動（手に汗を握るような緊張の程度）、呼吸活動のデータを分析しました。その結果、自律神経バランスが良いほど、情動伝染尺度の得点は高くなっていました。一方、皮膚電気活動は、情動伝染と負の相関がありました。
自律神経のバランスを整えることは、〝共感〟訓練の基本になりそうです。

共感トレーニング

経験・学習の余地

認知的共感に「経験・学習」の余地がじゅうぶんあり、認知的共感と情動的共感が影響し合うなら〔room1: 8〕、共感を訓練（練習）によって伸ばす可能性を模索したくなります。

実際、臨床心理学においては〝共感〟訓練の効果研究が増えています。

例えば、思春期の子どもに対して、共感を高める介入を実施することで、その後の反社会的行動や犯罪の防止に役立つという報告があります。[1]

また、アメリカの保護観察官二一六人を対象に、共感的監督訓練を導入することで、対照条件と比較して、一〇ヵ月間の再犯を一三パーセント%軽減したという例もありました。[2]

さらに、小学三年生に対して、五日間の集中共感訓練プログラムを実施することは、言葉によるいじめを減らすのに有効だったようです。[3]この場合、教師が教室に同室していた群のみ効果がありました。

そして、共感訓練は医療・看護の領域で多く導入されており、その効果は統計的にも認められています。

- 医療従事者を対象とした共感訓練〔一八件の無作為化比較試験〕は、中程度の効果量〔g=0.63〕を示した。[4]
- メンタルヘルス実践者に対する共感訓練は、中程度から大きな効果量〔d = .78〕を示した。[5]
- 医学生や医療従事者に対する共感訓練〔二三件〕は、中程度の効果量〔.69〕を示した。[6]
- 医療従事者に対する共感訓練を系統的レビューしたところ、訓練期間が長くても短くても、高い効果量を示した。[7]

3

カウンセラー教育

九つのモジュール

〝共感〟訓練は、カウンセラー教育のひとつとしても導入されています。

ある研究では、六四名の大学院生を対象に、短期間の共感力開発ワークショップをオンラインで実施しました。[1] その結果、〈視点取得〉のみ変化したとのことです。個人的苦痛・共感的関心・空想尺度については変化しませんでした〔room1：4〕。やはり、［認知的共感］が伸びやすいようです。

ここで、共感訓練のモジュール（内容）を紹介しておきましょう。

- **イントロダクション**――共感を定義するプレゼンテーション。
- **マインドフルネス**――五分間の感謝の瞑想と、マインドフルネスの振り返り。
- **コンテンプレーション**――ラヴィング・カインドネス瞑想から、祈りの活動。
- **セルフ・コンパッション**――ワークブックから引用した修正エクササイズ。
- **共感・自己主張・尊重**――ロールプレイと、それに続く質問。
- **ナラティブ・フィクション**――参加者が物語を読み、内省的な質問に答える。
- **ミュージッキング**――参加者が音楽クリップに反応し、それに対して質問する。
- **フォトボイス**――参加者が写真を見て、他の人の視点からの発言を提供する。
- **感情刺激**――参加者が刺激の画像を見て、内省的な質問に答える。

初心者のセラピストが〝共感〟を身につける過程を検討した研究によると、[2] セラピストの臨床的共感は「想像力を広げる」「感情体験を共有する」「クライエントの洞察を導く」という三つのポイントがあるようです。

ラヴィング・カインドネス *Loving-Kindness* 瞑想などが内容に含まれているのは、「瞑想が共感を高める」という研究があるからです。[3]

セラピストの分類

四つの共感タイプ

セラピストには、共感性の高い人もいれば低い人もいます。セラピストの共感性が高いほど心理療法の成果も高いこと（r =0.31）が報告されています。[1]

そこで、共感性尺度の得点によってセラピストを分類したらどうなるか。次のような研究が発表されました。[2]

その結果、次の四タイプに分けられるようです。

● **不安定タイプ**　回答者の二三％を占め、［視点取得］［空想尺度］［共感的関心］が平均以下であり、［個人的苦痛］が最も高くなっていました。このような臨床家はおそらく、他人の苦痛の表現に対して否定的な感情反応が大きいため、患者の問題に圧倒され、治療の進歩のために働くことが難しいと思われます。

●共感的没入タイプ　回答者の二六％を占め、［視点取得］と［空想尺度］が平均以上を示し、［共感的関心］が高いレベルでした。他者の感情体験に没頭する傾向があります。

●平均タイプ　回答者の三八％を占め、すべてに平均レベルの共感を持っていました。

●合理的共感タイプ　回答者の一三％を占め、［視点取得］が最高レベル、［共感的関心］が平均レベル、［空想尺度］と［個人的苦痛］が低いレベルでした。このような臨床家はおそらく、観察や臨床理論に基づいて患者の視点を理解する傾向があります。

［不安定］タイプが二割もいたのは心配ですが、あくまでセラピストのなかの相対的位置であり、一般的には平均以上の〝共感〟を有していると思われます。

そして興味深いのは［合理的共感］タイプです。視点取得は、自分が経験していないことについて共感するために必須です〔room4：3〕。心理療法のなかには〈視点取得〉を重視する技法もたくさんあり、それを反映した結果だと考えられます。

5 どう測定するか
自己評価ではなく

共感を研究していると、予想とは逆に「介入後に共感が低下した」という結果に出くわします。[1] 参加者たちは、介入に参加しているうちに、**共感できていない自分**を実感するようになるため、介入後に共感性を低く評価してしまうのです。「共感できていない」と認識できるということは、共感が進んでいるともいえるのですが、研究者泣かせです。

そこで、自己評価（セルフチェック）以外の方法で共感を測定できないか、というアイディアが提案されています。[2]

認知的共感については、次のようなものがあります。

● **誤信念課題** 短い話を読んで登場人物の考えを回答するクイズ。たとえば、「ジョンはエミリーに、ポルシェを持っていると言った。じつは彼の車はフォード。エミリーはジョンを信じた。エミリーはジョンの車を見て、それは何と言う?」

● **共感精度** ネガティブな自伝的出来事を語る人の動画を見て、その人物がどのような感情を抱いているかを評価し、それが人物本人の感情評定とどの程度一致するかを計算する。[3]

情動的共感については、次のようなものがあります。

● 痛みの共感 針を手に刺している動画を見ているときの、表情筋の反応を測定する〔room3: 02〕。

● 表情模倣 感情的な表情(怒りや恐怖)の顔写真を見ているときの、表情筋の反応を測定する〔room3: 02〕。

● 目からココロを読むテスト 顔の目の部分だけを写した写真を見て、その人の感情を判断するクイズ。[4]

自律神経の同期

視点取得で促す

［認知的共感］と［情動的共感］がお互いに影響し合うというモデル〔room1: 8〕、つまり「情動伝染が視点取得につながる」モデル〔room4: 4〕は、既に説明したとおりです。これに関して統計的なモデリングを試みたところ、共感的関心が視点取得を高めるという［感情・認知モデル］が有意だった、という報告もあります。[1]

逆に「視点取得が向上することで情動伝染しやすくなる」ことは、あるのでしょうか？　これを検証した研究を見てみましょう。[2]

一〇三組の恋人どうし〔平均二一歳、平均交際期間一・九年〕が実験室にやって来て、葛藤解決セッションに参加しました。ふだん言いにくいことを、お互いに話してもらうのです。

このとき参加者たちは、パートナーの視点に立つ（視点取得条件）、葛藤に穏やかにアプローチする（マインドフルネス条件）、葛藤に関する自分の思考や感情に集中する（統制条件）のいずれかになるように、教示されました。

また、参加者の唾液アミラーゼを収集し、ストレス反応の指標として、自律神経系の活動を測定しました。それから参加者は、対人反応性指標の視点取得尺度（私はときどき、「物ごとが相手の視点からどのように見えるか」を想像することによって、パートナーをもっと理解しようと努力する）を評定しました。

その結果、視点取得条件の参加者は（他の条件に比べて）、葛藤解決セッションのときの二人の唾液アミラーゼ分泌の変化が同期していました。さらに女性においては、質問紙で測定した視点取得が高いほど、同期が高くなりました。

つまり、視点取得**を意識しているる**と、あるいは視点取得**の性質が高い**ほど、情動伝染が生じやすくなるのです。

room 6

伝わるしくみの謎

遠くにいる人と気持ちがつながることはあるのでしょうか。このような長距離コミュニケーションの可能性と、その仮説を紹介します。目に見えないエネルギー（気）の働きや、その効果についても考えてみましょう。

1

意思疎通

長距離コミュニケーション

room3では《情動伝染》のしくみとして、動作模倣（表情模倣など）、自律神経同期（心拍同期など）、そして嗅覚コミュニケーションを説明しました。

相手が目の前にいる距離、すなわちパーソナル距離（両手を伸ばして届く距離）やソーシャル距離（会議室の両端程度の距離）では、確かに、これらが気持ちを伝えていると思います。

しかし、私たちは少し離れたところ、つまりパブリック距離（大講義室にいるような距離）にいる人の気持ちも感じることができます。たとえば、窓から道路を見下ろしてください。道を歩いている人のようすを見て、表情は見えなくても、その人の気分を感じることができます。それは、どういうしくみでしょうか。

そこでこのroom6では、動作模倣、自律神経同期、嗅覚コミュニケーション**以外で**、気持ちが伝わるしくみを検討していきましょう。

動物たちは、長距離コミュニケーションに長けています。たとえばゾウは、足の裏で大地の振動を聴き、一六km先の足音などを聴いている可能性があります。[1] また、二〇Hz程度の低周波の声（ランブル）を出して、一・五km先の個体と会話しています。[2] さらに、ゾウの嗅覚はとても優れていることが知られています。[3] あるいはバンドウイルカは、口笛で五・七km先の個体と会話できると考えられています。[4]

私たちは電話やオンラインの通信手段を用いて、長距離コミュニケーションを可能にしています。しかし、ヒトそのものに、長距離コミュニケーションをする能力はあるのでしょうか？　いくつかの仮説を考えてみましょう。

点の動き

バイオロジカル・モーション

第一に、パブリック距離の《情動伝染》のしくみとして、バイオロジカル・モーションが挙げられます。それは、人の関節に点光源を付けてその運動を録画したものです。スポーツ選手のフォームの研究によく使われます。

バイオロジカル・モーションの映像は、点の動きにすぎません。しかし私たちはそれを見て、何のどのような運動であるかを、即座に知覚できます。これを〈バイオロジカル・モーション知覚〉といいます。

それは生得的な能力だと考えられます。たとえば生後二日の乳児が、めんどりの点光源アニメーションを（逆さまのディスプレイよりも）選好する（長く見る）ことがわかっています。[1] また、生後三日の乳児が、人間の歩行の動きを表現した点光源を（ランダムなディスプレイよりも）好むことも示されました。[2]

このことは、私たちが人や動物の動きに、優先的に注意を向けるしくみをもっていることを示唆します。

一方で、自閉症者[3]や統合失調症者[4]が、バイオロジカル・モーション〔BM〕知覚が弱いことも報告されています。このとき健常者は、BMに対して、上側頭溝の後方が強く活動するようです。[4] 上側頭溝は［認知的共感］の脳で、ミラーニューロンの一部でもあります〔room1: 2〕。

共感性がBM知覚に関連するという研究も、このたび発表されました。[5] 二三七六名のデータを分析したところ、〔情動伝染尺度ではなく〕視点取得が高いほどBM知覚が良いことがわかったのです。また、アレキシサイミア〔失感情〕傾向が高いほど、BM知覚が低くなっていました。

私たちは、動きの情報そのものから、感情を読み取っているのかもしれません。

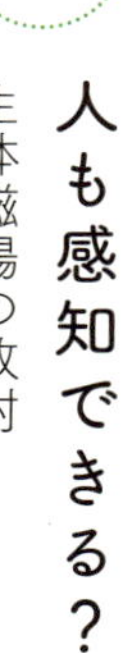

人も感知できる？

生体磁場の放射

第二に、パーソナル距離やソーシャル距離での《情動伝染》のしくみとして、生体磁気の可能性を考えてみましょう。

まず、私たちは、身体の正常な代謝の副作用として磁場を放射しており、とくに心臓は、あらゆる器官のなかで最も強い（とはいえナノ・ピコテスラレベルの）**電磁場を発生**しているそうです。[1] 最近は、生体磁場を日常生活の環境下で、シールドルーム不要のウェアラブルで、リアルタイムに計測できる分解能が高いセンサと、環境ノイズのキャンセリング技術の開発が進んでいます。[2]

また、私たちの脳波が、磁気刺激に対して特異的な反応を示すことも報告されています。[3] ヒトも他の動物たちと同様、**磁気を感知**できるのです。

ミツバチ、鮭、渡り鳥など多くの動物が、地磁気をナビゲーションに用いています。ヒトも他の動物たちと同様、磁性細菌との共生を通して、マグネタイトのような磁気センサをもっている可能性があります。[4] これを、「共生磁気感知仮説」といいます。

たとえば、飢餓状態（血糖値が低い状態）の男性は、青色光下で「自己回転椅子」課題をおこなうと、地磁気の北や東の方向にきちんと転換できました。[5] ただし、波長の長い光〔五〇〇ナノメートル以上〕のもとでは、うまくいきませんでした。

これらのことから、たとえば怒ったり怖がっている場合、身体（とくに心臓）はその代謝状態に対応したパターンの生体磁場を生成している、と考える学者もいます。[6] また、心拍変動同期のしくみについても、心臓から発生する生体磁場が、グループメンバー間の同期を媒介する主要なメカニズムであると考える研究者もいます。[7・8]

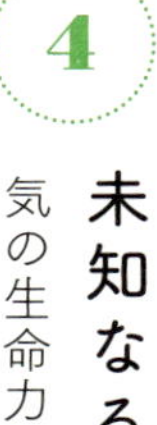

未知なるエネルギー
気の生命力

第三の仮説として、情動伝染を「気 *Qi, Chi* という未知なるエネルギーの作用」だと考えてみましょう。

日本では二〇世紀の終わりに、気の研究がブームになりました。[1・2・3・4・5]「気は生命力（ライフフォース）である」というのが、よくある定義です。[6] 武術や武道においては、気をとても重視します。[7] ヨガではプラーナと呼びます。

宇宙物理学者であり、ヨガ講師でもある著者が、「気は物理学でいうエネルギーの概念とどう折り合うのか」を考察した、短いエッセイがあります。[8] 彼によると、さまざまなエネルギーが考えられるが、電磁エネルギーが有力そうです。

さて、「気とは何か」を措いておくと、代替医療では、気を使った治療が広くおこなわれています。たとえば鍼灸[9]、気功[10]、レイキなどです。

レイキは、バイオフィールド・エネルギー療法のひとつで、生命力や気のバランスを整えることで、身体の自然治癒力を最適化するものです。レイキ治療の無作為化二重盲検プラセボ対照研究を見てみましょう。[11] 四八名の参加者を、レイキ治療、偽治療、無治療に分け、治療前後の各指標を分散分析したところ、残念ながら有意な差は見られませんでした。

うつ病に対する鍼治療を、系統的レビューした報告があります。[12] 一九八〇年から二〇一八年の二九件の研究をメタ分析しました。その結果、鍼治療は、通常の治療〔g=.41〕、偽鍼治療〔g=.55〕、および抗うつ薬に比べて〔g=.84〕、うつ状態が有意に減少していました。その効果の大きさ〔g〕も統計的に認められ得るものです。

私たちの会話には、「気」がよく登場します。気が重い、気が多い、気が済む、気を許す、気を付ける、気を遣う、気を病む、気になる、気を揉む、気が進まない……。

情動伝染イコール**気が合う**こと、と言ってよいかもしれません。

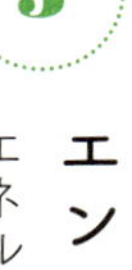

エンパスさん
エネルギーを感じやすい

レイキ、セラピューティック・タッチ、ヒーリング・タッチ、外気功は、エネルギー医学あるいはバイオフィールド・セラピーとも呼ばれます。[1] たとえば、二一三名のエネルギー・メディスンの実践者を対象に、彼らの手から出る磁場を、三軸式超低周波磁場計で計測したところ、有意な振幅を得たとのことです。[2]

また、私たちのチャクラ（ヨガにおいてエネルギーの中心となる身体部位）は、生命エネルギーの音叉として機能し、そのエネルギーがチャクラに直接的に共鳴したとき、感情が伝達される、と考える研究者もいます。[3]

ところで、他者のエネルギーを感じやすい人を、エンパスと呼びます。[4・5] 私は「エネルギーを感じると、気疲れ、情動吸収、直感が生じる」と定義して、七段階（一から七点）で自己評定する項目を作成しました。[6]

● **気疲れ**　雑踏や人混みは、気疲れするので好きではない。大勢の人と一緒にいると、ぐったり疲れて一人になりたいと思う。雑踏や人混みに出かけるのは気疲れするので、できれば避けたい。雑踏や人混みに出かけると、気分や体調が悪くなることがある。

● **情動吸収**　相手の気持ちやストレスを、知らないあいだに取り込んでいる。相手の気持ちやストレスの影響を、知らないあいだに受けている。痛みを抱えている人のそばにいると、自分の身体も痛くなってくる。

● **情動直感**　相手を見るだけで、相手の気持ちがぱっとわかる。相手を見るだけで、相手の抱えているストレスがなんとなくわかる。相手を見るだけで、気が合うかどうかがなんとなくわかる。

このデータによると、六五点以上を付ける人が、六〇一名中、一二名〔一・九%〕いました。満点〔七〇点〕を付ける人も、六〇一名中四名〔〇・六%〕いました。約二%の人がエンパスと考えられます。

気持ちを生むハート
心臓のココロ

不安になると心臓がドキドキする、というのは自然な反応でしょう。ところが、逆に「気持ちは心臓で生まれる」というと、驚く人も多いと思います。

「感情行動状態の心臓性制御」という論文を見てみましょう。[1] マウスの鼓動を非侵襲的に制御する技術（非侵襲性光遺伝学的制御）が開発されています。マウスには気の毒ですが、これを用いて、マウスの鼓動を早く（頻脈に）しました。

すると、高架十字迷路課題（マウスの不安を測定する課題）で探索行動が減り、その場に留まる時間が増えたのです。これは、不安が増加したと解釈できます。さらに興味深いことに、このときマウスの脳では、島皮質が活性化していました。島皮質は、人でいうと「情動的共感」や「痛みの処理」にかんする部位です［room1: 2］。

つぎに、人の鼓動の実験を見てみましょう。[2] 模擬面接として、男女二人の模擬面接官の前でスピーチしている本人と、同室でそれを観察している人の心電図を測定しました。その結果、二人の交感神経の指標は、見事に同期していました。いわゆるストレス伝染です〔room3: 1〕。

それだけではありません。興味深いことに、観察者の「情動的共感」の程度が高いと、本人の交感神経の活動は低くなることも見出されました。[2]これは、私たちのストレスは「情動的共感の高い誰かが側にいてくれるだけで、緩和される」ことを示唆します〔room4: 4〕。まさに《情動伝染》の妙味です。

また、心拍変動の大きい人（健康な心臓の持ち主）は、心拍変動の小さい人に比べて心拍検出の精度が高いという報告があります。[3]心拍検出の精度は、情動伝染尺度[4]や表情模倣[5]や嗅覚[6]にも相関します。いろいろなことがつながっています。

ヨガにおいては、心臓のチャクラが感情の中心であり、感情はそのエネルギーの直接的な共鳴として伝達されると捉えます。たとえば、呼吸法を実践することで心臓血管系や血圧が変化するのは、人体のエネルギー伝達系が活性化したことを間接的に示している、と考える研究者もいます。[7]

room 7

テレパシーはある？

私は、共感（エンパシー）empathy の延長にテレパシー telepathy があると考えています。エンパシーを「目の前にいる人」に対する共感、テレパシーを「離れたところにいる人」への共感だとすると、どちらも同じ現象だと考えています。はたしてテレパシーはあるのでしょうか？

1 臨床的な直感

ノンローカルな意識

気持ちが伝わるしくみとして、パーソナル距離やソーシャル距離では、動作模倣、自律神経同期、嗅覚、生体磁気、気のエネルギーを検討しました。パブリック距離では、バイオロジカル・モーション知覚を検討しました。

それでは、私たちは、ゾウやイルカのように、何キロメートルも離れた相手と交信することができるのでしょうか〔room6: 1〕。このような長距離コミュニケーションを、ここではトランスパーソナル心理学の用語を借りて、ノンローカルな（非局所的な）意識と呼んでおきましょう。[1]

ところで、医療の現場では、基本技術を踏まえたうえで、直感を重視した診療が注目されつつあります。[2] 直感を認めることは、隠れた問題の可能性を警告し、問題をより早く理解することにつながる、というわけです。[3] 第一印象で「この人は……」とわかる場合や、根拠のないひらめきも生じます。[4]

とくに心理療法では「直感」が重視されます。そこで生じる臨床的な直感には、しばしば非局所的な情報を含むことが、報告されています。[5]

テリー・マークス・ターロウという女性のセラピストが、三〇代後半のスティーブという男性と面接しました。セッション中、またはその日の早い段階で、異常なことは何も起こっていませんでした。

テリーが勤務時間を終え、帰宅しようと車に乗ったとき、彼女のなかに、パニックの感情（生きるか死ぬかのような状況に陥っている恐怖）が生じました。テリーの直感的な反応の意味は、数週間後に明らかになりました。スティーブは、今まで誰にも話したことがないと言って、中学生のときに壮絶ないじめを受けていたことを語ったのです。

この種の臨床的直感は、セラピスト（カウンセラー）であれば、ときどき経験することでしょう。私は、このような直感も「ノンローカル意識」に含めています。

精神分析とテレパシー

フロイトの予見

そもそも、精神分析はテレパシーと深いつながりがあります。[1]
ジークムント・フロイトは次の二つの論文で、テレパシーに言及しました。[2]

わたしたちから分析を受けている患者たちは、不吉な予感がたびたび訪れることや、そうした予感が正しかったことなどをよく訴えるものです。そしてこうした患者たちは誰もが、無意識のうちで、自分の親兄弟たちが死ぬことを望む非常に強い願望を意識せずに抱いていたのであり、彼らはそうした願望をずっと抑圧していたことを、わたしたちはいつものように証明することができるのです。〔「夢とテレパシー」1922, p.222〕

すなわち、テレパシー的なメッセージが存在するのであれば、それは眠っている人にも届くはずであり、眠っている人が夢のなかでそれを受け取る可能性があることは否定できない。知覚や思考などのその他の素材とのアナロジーで考えれば、昼間のうちに受け取ったテレパシー的なメッセージが、その日の夜の間に、夢のなかで初めて加工される可能性があることも否定できないのである。〔「夢解釈への全体への補足」1925, p.284〕

ユング派分析家の河合俊雄も、夢のなかには、直接的な解釈が可能なものもある、と述べています。[3]

古代において夢はメタファー的でない直接的なリアリティを持っていて、たとえば古代ギリシャの聖地において治癒夢を見ると実際に病気が治ったように、現実に直接的につながっていた。それは夢と現実が同じだけのリアリティを有していた、あるいは少なくとも有していると考えられていたと言ってもよいかもしれない。〔p.145〕

3

どんな人に生じるか

どんな時に？

夢はテレパシーの経験を含むのでしょうか？

ジークムント・フロイトはテレパシーに関心をもちながら、公式には否定していました。一方、カール・ユングは、テレパシーに積極的に関心をもっていたと言われています。現在でも「夢は、すぐれた遠隔視 *remote viewing* を可能にする」という研究者はいます。[1]

フィリピンの心理学者ハイメ・ブラタオ神父は、集合意識 *collective conscious* の共有がテレパシーの発生を可能にすると考えています。[2] 心理療法では、セラピストとクライエントの信頼関係が必要であり、ユングのいう集合意識が活発になるため、テレパシーが生じやすくなる、というわけです。

それではテレパシーは、どんな人に、どういう時に、生じやすいのでしょう？

一卵性双生児、乳幼児の母親、一卵性双生児以外の兄弟姉妹、夫婦、親しい友人、仕事仲間、精神分析やカウンセリングの関係で起こりやすいようです。[3]「発信者が突然の衝撃を受けたり、アドレナリンが分泌されるような急な危機の状態（病気、事故、怪我）にあり、かつ、受信者が受容的な平静状態にあるときに、もっとも起こりやすい」というのが、逸話的研究や調査研究の一致した見解です。[3]

また、ツイン・テレパシーと呼ばれる、双子が報告する深い共感体験がありま す。イギリスの双子を対象に、ツイン・テレパシーに関する実験が行われました。[4]その結果、離れた部屋にいる片方の双子が驚きの出来事にさらされたときに、もう片方の双子の皮膚電気活動が有意に変化しました。

私は、ふだんの生活で誰かのことをふと思い出す（ふと思い出される、ココロに浮かぶ）経験もテレパシーの一つだろう、という仮説を立てています【room3: 8】。テレパシーを、離れた人と**気持ちがつながる**瞬間と捉えるなら、それほど不思議でないと思うのですが、いかがでしょうか。[5]

どんな見方が？

存在論と認識論

もし私たちがノンローカルな意識で〔room7:1〕コミュニケーションをできるとするなら、それを裏づける物理法則は何でしょうか（ゾウやイルカの長距離コミュニケーションには、大地や水の振動を知覚できる器官があるわけですが……）。

宇宙物理学者のブライアン・グリーンは次のようにいいます[1]——「物理系はすべて粒子の配列で決まる、というのが私の考えだ。〔中略〕この還元主義的見方は、物理学者のあいだでは一般的だが、別の考え方をする人がいるのも確かだ。とくに生命のこととなると、物質的要素を動かすのに、きわめて重要な非物質的要素（精神、魂、生命力、気）が必要だと考える人もいる。私としてはその可能性に抵抗はないが、裏づける証拠に遭遇したことはない」〔p.74〕。

もうひとつの可能性は、認識論の転換にあるかもしれません。哲学者の杉尾一は次のように書いています。[2]——「そこで本稿では、多世界解釈をより穏当に捉え直し、認識論的多世界解釈という新たな量子解釈を打ち立てた。つまり、世界は一つだが、その現われ方は複数考えられ、それは私たちが採用する認識の枠組みに依存するという考え方である。〔中略〕世界を眺める認識の枠組みこそ、物理系という概念なのである。系の取り方によって世界は異なる現れ方をしてくるはずだ」〔p.7〕。

同じく哲学者の冲永宜司は、唯心論に注目しています。[3]——「唯心論は、主観が実在と一体化し、生命と物質とが連続し、意識が物質と協働することで、実在の全体を形成しうる宇宙であった。それは決定論に外部から自発性を加えたり、無意味な物質を有意味化させたり、神のいないところに神霊を吹き込むのではない。決定論、無意味、神の非在を成り立たせていた世界の構造を不成立にさせることで、世界をそのまま肯定し直すのである」〔p.24〕。

この他、「ココロとカラダは同じものの二つの側面であり、互いに還元するものではない」という、二面的一元論もあります。[4]いずれも、テレパシーを解釈するための論考ではないのですが、立場によって、テレパシーに対する賛否が分かれそうです。

超常現象を信じるか？

超感覚的信念

次に、テレパシーを信じるかどうか、という信念の問題を考えてみましょう。じつは、どういう人が信じやすいかについては、研究の蓄積がかなりあります。

たとえば、「思い浮かべている人から電話がかかってくるのは偶然ではない」「身体の感覚を超えた領域で物事を感じることは可能だ」「超感覚的知覚やテレパシーといった超心理現象は、まれなケースではあっても本当に起こる」などの質問に対して、「まったくそう思わない」から「非常にそう思う」で回答します。その結果、死の恐怖があるほど、人生や環境をコントロールできない（偶然が自分の人生を支配する）と感じられ、**超感覚的信念**が高くなるようです。[1]

また、超常現象を信じるほど、ムーニーフェイス画像（白黒の曖昧な顔画像）を見て、シグナルとノイズを識別しにくいようです。[2]

そして、霊媒（亡くなった人と交信すること）を信じる者は（信じない者に比べて）、三〇枚の写真（たとえばバルセロナ市のセルバンテス庭園）を遠隔視する課題で、多くの正解を得たそうです。[3]

超常体験の程度を調べることもできます。たとえば、「以前は気づかなかったことに関する夢を見たことがあり、その後、その夢が正確であったことが判明した」に対して、「はい、そしてそれはテレパシーか超能力の一例だったと思います」「はい、しかしそれは単なる偶然か無意識の洞察だったでしょう」「いいえ」の三択で回答します。その結果、高い敏感性をもつほど、超常体験が多くなっていました。[4]

二〇一八年のチャップマン大学の調査によると、アメリカ人の七五％が少なくとも一つの超常現象を信じており、四・七％は七つの超常現象（霊の憑依、古代高度文明、宇宙人、占い師など）すべてを信じていたそうです。[5]

また、幼少期に虐待体験などのトラウマを負うと、生存戦略として、凍りつきや解離、空想といったメカニズムを通して、超常体験につながるという考察もあります。[5]

神秘体験と十牛図

立ち還ってゆく経験

世には不思議な体験があるものです。それはおかしなことではなく、むしろ生き方の幅を広げる可能性があります。この巻の最後に話を少し広げて、「神秘体験」「死後コミュニケーション体験」「自発的スピリチュアル覚醒」の三つを説明しましょう。

神秘体験とは、「すべてのものがひとつに統合されたような経験をしたことがある」「言葉では表現できない経験をしたことがある」「聖なるものに思えた経験がある」などで定義されます。この神秘的体験が多いほど、スピリチュアル・インテリジェンスが高いというデータがあります。[1] そのスピリチュアル・インテリジェンスとは、「しばしば現実の本質に疑問を抱いたり、考え込んだりしてきた」「自分の人生の目的や理由を明確にすることができる」「自分の肉体よりも深い部分を認識している」などで定義されるものです。

死後コミュニケーション体験は、夢、香り、音楽、その他のサインによって、故人を見たり聞いたり感じたりすること、あるいは、霊媒がリーディングによって、故人を感知することをいいます。研究によると、これが故人との継続的な絆を強くし、悲嘆（グリーフの緩和）に役立つことが報告されています。[2]

自発的スピリチュアル覚醒は、「自我が通常の有限な自己意識を超越し、より広範で無限の真実や現実の感覚を包含すること」と定義されます。二〇〇二年のギャラップ調査では、一五〇九人のアメリカ人の四一％が、「深い宗教的経験をした、または宗教的な目覚めを経験したことがある」と回答したそうです。[3]

一方、ヨガにおけるクンダリーニの覚醒では、エネルギーが脊椎を上昇するような強い身体感覚を伴い、精神的な危険もあるといわれてきました。しかし、実際に調査してみると、短期・長期的な幸福感に結びついていたそうです。[3]

私は神秘体験を、社会から孤立した精神性ではなく、『十牛図』の「返本還源」「入鄽垂手」のように、自然に街に、立ち還ってゆく経験だと考えます。[4]

皆さんは、いかがでしょうか。

文献

room1 気持ちが合うココロ

2 脳の働きで

1 Zeng, Y., Zhao, Y., Zhang, T., Zhao, D., Zhao, F., & Lu, E. (2020). A brain-inspired model of theory of mind. *Frontiers in Neurorobotics, 14*, 60.

2 Mehta, U. M., Thirthalli, J., Aneelraj, D., Jadhav, P., Gangadhar, B. N., & Keshavan, M. S. (2014). Mirror neuron dysfunction in schizophrenia and its functional implications: A systematic review. *Schizophrenia Research, 160*, 9-19.

3 カウンセリングで大切な

1 Rogers, C.R. (1975). Empathic: An unappreciated way of being. *The Counseling Psychologist, 5*, 2-10.

2 Ho, C.M. (2023). Process of interpersonal empathy: A proposed framework of empathy competence in psychotherapies. *Person-Centered & Experiential Psychotherapies.*

4 援助につながるか?

1 Davis, M.H. (1983). Measuring individual differences in empathy: Evidence for a multidimensional approach. *Journal of Personality and Social Psychology, 44*, 113-126.

2 日道俊之・小山内秀和・後藤崇志・藤田弥世・河村悠太・Davis, Mark H.・野村理朗 (2017).「日本語版対人反応性指標の作成」心理学研究 88, 61-71.

3 Archer, R.L., Diaz-Loving, R., Gollwitzer, P.M., Davis, M.H., & Foushee, H.C. (1981). The role of dispositional empathy and social evaluation in the empathic mediation of helping. *Journal of Personality and Social Psychology, 40*, 786-796.

5 気持ちが伝わってくる

1 Hatfield, E., Cacioppo, J.T., & Rapson, R.L. (1993). Emotional contagion. *Current Directions in Psychological Science, 2*, 96-100.

2 Carré, A., Stefaniak, N., d'Ambrosio, F., Bensalah, L., & Besche-Richard, C. (2013). The Basic Empathy Scale in adults (BES-A): Factor structure of a revised form. *Psychological Assessment, 25*, 679-691.

6 動物たちも共感?

1 Preston, S.D., & De Waal, F.B. (2002). Empathy: Its ultimate and proximate bases. *Behavioral and Brain Sciences, 25*, 1-20.

2 De Waal, F.B. (2012). The antiquity of empathy. *Science, 336*(6083), 874-876

3 De Waal, F. (2009). *The age of empathy: Nature's lessons for a kinder society*. New York: Crown.

4 Keysers, C., & Gazzola, V. (2021). Emotional contagion: Improving survival by preparing for socially sensed threats. *Current Biology, 31*, R728-R730.

5 Hernandez-Lallement, J., Attah, A.T., Soyman, E., Pinhal, C.M., Gazzola, V., & Keysers, C. (2020). Harm to others acts as a negative reinforcer in rats. *Current Biology, 30*, 949-961.

6 Adriaense, J.E., Martin, J.S., Schiestl, M., Lamm, C., & Bugnyar, T. (2019). Negative emotional contagion and cognitive bias in common ravens (Corvus corax). *Proceedings of the National Academy of Sciences, 116*, 11547-

11552

7 Yang, T., Bayless, D.W., Wei, Y., Landayan, D., Marcelo, I.M., Wang, Y., ... & Shah, N.M. (2023). Hypothalamic neurons that mirror aggression. *Cell, 186*, 1195-1211.

7 どのように発達するか

1 Decety, J. (2015). The neural pathways, development and functions of empathy. *Current Opinion in Behavioral Sciences, 3*, 1-6.

2 Decety, J., & Cowell, J.M. (2014). Friends or foes: Is empathy necessary for moral behavior? *Perspectives on Psychological Science, 9*, 525-537.

3 Decety, J., & Ickes, W. (Eds.) (2009). *The social neuroscience of empathy*. Cambridge, MA: he MIT Press.

4 Decety, J. (Eds.) (2014). *Empathy: From bench to bedside*. Cambridge, MA: MIT Press.

8 新しいモデル

1 Bekkali, S., Youssef, G.J., Donaldson, P.H., Albein-Urios, N., Hyde, C., & Enticott, P.G. (2021). Is the putative mirror neuron system associated with empathy? A systematic review and meta-analysis. *Neuropsychology Review, 31*, 14-57.

room2 共感することの難しさ

1 共感は注意を狭める

1 Bloom, P. (2016). *Against empathy: The case for rational compassion*. New York: HarperCollins.

2 共感しすぎてしまうと

1 Bride, B.E. (2007). Prevalence of secondary traumatic stress among social workers. *Social Work*, 52, 63-70.

2 Hunt, P., Denieffe, S., & Gooney, M. (2019). Running on empathy: Relationship of empathy to compassion satisfaction and compassion fatigue in cancer healthcare professionals. *European Journal of Cancer Care, 28,* e13124.

3 どこまで寄り添える？

1 Choi, E.Y., Choi, S.H., & Lee, H. (2021). Development and evaluation of a screening scale for indirect trauma caused by media exposure to social disasters. *International Journal of Environmental Research and Public Health, 18,* 698.

2 Woodward, L.E., Murrell, S.A., & Bettler, R.F. (2005). Empathy and interpersonal style: A mediational model of secondary traumatic stress symptomology following 9/11. *Journal of Aggression, Maltreatment & Trauma, 11,* 1-28.

4 ココロが病むと

1 Salgado, R.M., Pedrosa, R., & Bastos-Leite, A.J. (2020). Dysfunction of empathy and related processes in borderline personality disorder: A systematic review. *Harvard Review of Psychiatry, 28*, 238-254.

2 Urbonaviciute, G., & Hepper, E.G. (2020). When is narcissism associated with low empathy? A meta-analytic review. *Journal of Research in Personality, 89*, 104036.

3 Simard, P., Simard, V., Laverdière, O., & Descôteaux, J. (2022). The relationship between narcissism and empathy: A meta-Aanalytic review. *Journal of Research in Personality, 102,* 104329.

4 Ritchie, M.B., Neufeld, R.W., Yoon, M., Li, A., & Mitchell, D.G. (2022). Predicting youth aggression with

empathy and callous unemotional traits: A Meta-analytic review. *Clinical Psychology Review,* 98, 102186.

5 Zych, I., Ttofi, M.M., & Farrington, D.P. (2019). Empathy and callous-unemotional traits in different bullying roles: A systematic review and meta-analysis. *Trauma, Violence, & Abuse, 20*, 3-21.

6 Kerr-Gaffney, J., Harrison, A., & Tchanturia, K. (2019). Cognitive and affective empathy in eating disorders: A systematic review and meta-analysis. *Frontiers in Psychiatry, 10*, 102.

7 Gaggero, G., Luminet, O., Vermeulen, N., De Timary, P., Nandrino, J.L., Goffinet, S., ... & Grynberg, D. (2023). A multidimensional examination of affective and cognitive empathy in anorexia nervosa. *European Eating Disorders Review.*

8 Fatima, M., & Babu, N. (2023). Cognitive and affective empathy in autism spectrum disorders: A meta-analysis. *Review Journal of Autism and Developmental Disorders.*

9 Wu, A.M., Zhou, H., Dang, L., & Chen, J.H. (2022). Is empathy associated with gambling and its addiction? A scoping review of empirical studies. *Journal of Gambling Studies, 39,* 689-711.

10 Montag, C., Brandt, L., Lehmann, A., De Millas, W., Falkai, P., Gaebel, W., ... & Gallinat, J. (2020). Cognitive and emotional empathy in individuals at clinical high risk of psychosis. *Acta Psychiatrica Scandinavica, 142*, 40-51.

11 Blötner, C., Steinmayr, R., & Bergold, S. (2021). Malicious mind readers? A meta-analysis on machiavellianism and cognitive and affective empathy. *Personality and Individual Differences, 181*, 111023.

12 Chen, W., McDonald, S., Wearne, T., & Grisham, J. (2021). Investigating associations between hoarding symptoms and affective and cognitive empathy. *British Journal of Clinical Psychology, 60*, 177-193.

13 Frick, P.J., & Kemp, E.C. (2021). Conduct disorders and empathy development. *Annual Review of Clinical Psychology, 17*, 391-416.

14 Tibbels, S., Benbouriche, M., & Przygodzki-Lionet, N. (2022). Empathy deficits in individuals convicted of a sexual offense: A systematic literature review. *Victims & Offenders.*

15 Nitschke, J.P., & Bartz, J.A. (2022). The association between acute stress and empathy: A systematic literature review. *Neuroscience & Biobehavioral Reviews, 144*, 105003.

room3 気持ちが伝わるしくみ

1 もらい泣き、つられ笑い

1 Tashjian, S.M., Fedrigo, V., Molapour, T., Mobbs, D., & Camerer, C.F. (2022). Physiological responses to a haunted-house threat experience: Distinct tonic and phasic effects. *Psychological Science, 33*, 236-248.

2 Blons, E., Arsac, L.M., Grivel, E., Lespinet-Najib, V., & Deschodt-Arsac, V. (2021). Physiological resonance in empathic stress: Insights from nonlinear dynamics of heart rate variability. *International Journal of Environmental Research and Public Health, 18*, 2081.

3 Prochazkova, E., & Kret, M.E. (2017). Connecting minds and sharing emotions through mimicry: A neurocognitive model of emotional contagion. *Neuroscience & Biobehavioral Reviews, 80*, 99-114.

2 おなじポーズになる

1 Sato, W., & Yoshikawa, S. (2007). Spontaneous facial mimicry in response to dynamic facial expressions. *Cognition, 104*, 1-18.

2 Olszanowski, M., Wróbel, M., & Hess, U. (2019). Mimicking and sharing emotions: A re-examination of the link between facial mimicry and emotional contagion. *Cognition and Emotion, 34*, 367-376.

3 Holland, A.C., O'Connell, G., & Dziobek, I. (2021). Facial mimicry, empathy, and emotion recognition: A meta-analysis of correlations. *Cognition and Emotion, 35*, 150-168.

4 Sun, Y.B., Lin, X.X., Ye, W., Wang, N., Wang, J.Y., & Luo, F. (2017). A screening mechanism differentiating true

from false pain during empathy. *Scientific Reports, 7*, 11492.

5 Helt, M.S., de Marchena, A.B., Schineller, M.E., Kirk, A.I., Scheub, R.J., & Sorensen, T.M. (2021). Contagious itching is heightened in children with autism spectrum disorders. *Developmental Science, 24*, e13024.

3 鼓動が合う

1 NHK (2021). 〈ヒューマニエンス心臓〉ＮＨＫＢＳプレミアム（１月14日）

2 Kleinbub, J.R., Talia, A., & Palmieri, A. (2020). Physiological synchronization in the clinical process: A research primer. *Journal of Counseling Psychology, 67*, 420-437.

3 Drews, H.J., Wallot, S., Weinhold, S.L., Mitkidis, P., Baier, P.C., Roepstorff, A., & Göder, R. (2017). Are we in sync with each other? Exploring the effects of cosleeping on heterosexual couples' sleep using simultaneous polysomnography: A pilot study. *Sleep Disorders, 2017*, 8140672.

4 匂いで伝わる

1 Jirayupat, C., Nagashima, K., Hosomi, T., Takahashi, T., Samransuksamer, B., Hanai, Y., ... & Yanagida, T. (2022). Breath odor-based individual authentication by an artificial olfactory sensor system and machine learning. *Chemical Communications, 58*, 6377-6380

2 Calvi, E., Quassolo, U., Massaia, M., Scandurra, A., D'Aniello, B., & D'Amelio, P. (2020). The scent of emotions: A systematic review of human intra − and interspecific chemical communication of emotions. *Brain and Behavior, 10*, e01585.

3 Williams, J., Stönner, C., Wicker, J., Krauter, N., Derstroff, B., Bourtsoukidis, E., … Kramer, S. (2016). Cinema audiences reproducibly vary the chemical composition of air during films, by broadcasting scene specific emissions on breath. *Scientific Reports, 6*, 25464.

4 Stönner, C., Edtbauer, A., Derstroff, B., Bourtsoukidis, E., Klüpfel, T., Wicker, J., & Williams, J. (2018). Proof of concept study: Testing human volatile organic compounds as tools for age classification of films. *PLoS One, 13*, e0203044.

5 Bensemann, J., Cheena, H., Huang, D.T.J., Broadbent, E., Williams, J., & Wicker, J. (2023). From what you see to what we smell: Linking human emotions to bio-markers in breath. *IEEE Transactions on Affective Computing*.

5 恐怖の匂い

1 Spence, C. (2021). The scent of attraction and the smell of success: Crossmodal influences on person perception. *Cognitive Research: Principles and Implications, 6*, 46.

2 De Groot, J.H., Semin, G.R., & Smeets, M.A. (2014). I can see, hear, and smell your fear: Comparing olfactory and audiovisual media in fear communication. *Journal of Experimental Psychology: General, 143*, 825-834.

6 さまざまな影響

1 Holland, R.W., Hendriks, M., & Aarts, H. (2005). Smells like clean spirit: Nonconscious effects of scent on cognition and behavior. *Psychological Science, 16*, 689-693.

2 Lübke, K.T., Busch, A., Hoenen, M., Schaal, B., & Pause, B.M. (2017). Chemosensory anxiety signals prime defensive behavior in prepubertal girls. *Physiology & Behavior, 173*, 30-33.

3 Endevelt-Shapira, Y., Perl, O., Ravia, A., Amir, D., Eisen, A., Bezalel, V., Rozenkrantz, L., Mishor, E., Pinchover, L., Soroka, T., Honigstein, D., & Sobel, N. (2018). Altered responses to social chemosignals in autism spectrum disorder. *Nature Neuroscience, 21*, 111-119.

4 Mutic, S., Brünner, Y.F., Rodriguez-Raecke, R., Wiesmann, M., & Freiherr, J. (2017). Chemosensory danger detection in the human brain: Body odor communicating aggression modulates limbic system activation.

Neuropsychologia, 99, 187-198.

5 Mutic, S., Parma, V., Brünner, Y.F., & Freiherr, J. (2016). You smell dangerous: Communicating fight responses through human chemosignals of aggression. *Chemical Senses, 41*, 35-43.

6 Nishitani, S., Kuwamoto, S., Takahira, A., Miyamura, T., & Shinohara, K. (2014). Maternal prefrontal cortex activation by newborn infant odors. *Chemical Senses, 39*, 195-202.

7 Olsson, M.J., Lundström, J.N., Kimball, B.A., Gordon, A.R., Karshikoff, B., Hosseini, N., ... Lekander, M. (2014). The scent of disease: Human body odor contains an early chemosensory cue of sickness. *Psychological Science, 25*, 817-823.

8 Regenbogen, C., Axelsson, J., Lasselin, J., Porada, D.K., Sundelin, T., Peter, M G., & ... Olsson, M.J. (2017). Behavioral and neural correlates to multisensory detection of sick humans. *Proceedings of the National Academy of Sciences of the USA, 114*, 6400-6405.

9 Fialová, J., Třebický, V., Kuba, R., Stella, D., Binter, J., & Havlíček, J. (2020). Losing stinks! The effect of competition outcome on body odour quality. *Philosophical Transactions of the Royal Society B, 375*(1800), 20190267.

10 Ravreby, I., Snitz, K., & Sobel, N. (2022). There is chemistry in social chemistry. *Science Advances, 8*, eabn0154.

11 Meister, L., & Pause, B.M. (2021). It's trust or risk? Chemosensory anxiety signals affect bargaining in women. *Biological Psychology, 162*, 108114.

12 de Groot, J.H., Smeets, M.A., Rowson, M.J., Bulsing, P.J., Blonk, C.G., Wilkinson, J.E., & Semin, G.R. (2015). A sniff of happiness. *Psychological Science, 26*, 684-700.

13 Endevelt-Shapira, Y., Djalovski, A., Dumas, G., & Feldman, R. (2021). Maternal chemosignals enhance infant-adult brain-to-brain synchrony. *Science Advances, 7*, eabg6867.

14 Mishor, E., Amir, D., Weiss, T., Honigstein, D., Weissbrod, A., Livne, E., ... & Sobel, N. (2021). Sniffing the

human body volatile hexadecanal blocks aggression in men but triggers aggression in women. *Science Advances, 7,* eabg1530.

15 Wisman, A., & Shrira, I. (2020). Sexual chemosignals: Evidence that men process olfactory signals of women's sexual arousal. *Archives of Sexual Behavior, 49,* 1505-1516.

7 嗅覚が鋭いほど

1 Freemantle, A.W., Stafford, L.D., Wagstaff, C.R., & Akehurst, L. (2022). The relationship between olfactory function and emotional contagion. *Chemosensory Perception, 15,* 49-59.

2 Rumeau, C., Nguyen, D.T., & Jankowski, R. (2016). How to assess olfactory performance with the Sniffin'Sticks test®. *European Annals of Otorhinolaryngology, Head and Neck Diseases, 133,* 203-206.

8 リズム感が良いほど

1 串崎真志 (2023b).「共感はリズム感と関連する」日本心理臨床学会第42回大会ポスター発表（パシフィコ横浜）

2 串崎真志 (2024).「情動伝染，リズム感，クロノタイプの関連」関西大学心理学研究 15

3 串崎真志 (2023a).「誰かをふと思い出す傾向と情動伝染との関連」関西大学心理学研究 14, 1-12

4 串崎真志 (2023c).「誰かをふと思い出す傾向と情動伝染との関連(2)」日本心理学会第86回大会ポスター発表（神戸国際会議場）

room4 気持ちが合うと癒される

1 情動伝染とカウンセリング

1 Almaliah – Rauscher, S., Ettinger, N., Levi – Belz, Y., & Gvion, Y. (2020). "Will you treat me? I'm suicidal!"

The effect of patient gender, suicidal severity, and therapist characteristics on the therapist's likelihood to treat a hypothetical suicidal patient. *Clinical Psychology & Psychotherapy, 27*, 278-287.

2 Kleinbub, J.R., Palmieri, A., Orsucci, F.F., Andreassi, S., Musmeci, N., Benelli, E., ... & de Felice, G. (2019). Measuring empathy: A statistical physics grounded approach. *Physica A: Statistical Mechanics and its Applications, 526*, 120979.

3 Soma, C.S., Baucom, B.R., Xiao, B., Butner, J.E., Hilpert, P., Narayanan, S., ... & Imel, Z.E. (2020). Coregulation of therapist and client emotion during psychotherapy. *Psychotherapy Research, 30*, 591-603.

2 苦痛を乗り越える

1 McIntyre, S.L., Samstag, L.W., Haden, S.C., & Duncan, J.W. (2019). Therapist experience, personal therapy, and distressing states of mind: Regulation and resonance as dialectics of therapeutic empathy. *Journal of Contemporary Psychotherapy, 49*, 213-221.

2 Spagnuolo Lobb, M., Sciacca, F., Iacono Isidoro, S., & Di Nuovo, S. (2022). The therapist's intuition and responsiveness: What makes the difference between expert and in training gestalt psychotherapists. *European Journal of Investigation in Health, Psychology and Education, 12*, 1842-1851.

3 McNally, P.J., Charlton, R., Ratnapalan, M., & Dambha-Miller, H. (2019). Empathy, transference and compassion. *Journal of the Royal Society of Medicine, 112*, 420-423.

3 立場の違う人に

1 Lakeman, R. (2020). Advanced empathy: A key to supporting people experiencing psychosis or other extreme states. *Psychotherapy and Counselling Journal of Australia, 8*.

2 Agnew, C. (2020). Psychotherapists' altered states of consciousness: A study of counsellors' and psychotherapists'

experiences of altered states of consciousness whilst conducting therapy. *Consciousness, Spirituality & Transpersonal Psychology, 1*, 62-76.

4 相手の苦痛を共有する

1 Kohrt, B.A., Ottman, K., Panter-Brick, C., Konner, M., & Patel, V. (2020). Why we heal: The evolution of psychological healing and implications for global mental health. *Clinical Psychology Review, 82*, 101920.

2 Hayes, S.C., Hofmann, S.G., & Wilson, D.S. (2020). Clinical psychology is an applied evolutionary science. *Clinical Psychology Review, 81*, 101892.

3 Nasello, J.A., & Triffaux, J.M. (2023). A stenography of empathy: Toward a consensual model of the empathic process. *L'encephale, 49*, 399-407.

5 怖がり屋さんの優しさ

1 Grossmann, T. (2023). The human fear paradox: Affective origins of cooperative care. *Behavioral and Brain Sciences, 46*, e52.

2 Grossmann, T., Missana, M., & Krol, K.M. (2018). The neurodevelopmental precursors of altruistic behavior in infancy. *PLoS Biology, 16*, e2005281.

3 Nesse, R.M. (2023). Evolutionary psychiatry: Foundations, progress and challenges. *World Psychiatry, 22*, 177-202.

6 誰に相談するか

1 Roberts, S.C., Little, A.C., Gosling, L.M., Perrett, D.I., Carter, V., Jones, B.C., ... & Petrie, M. (2005). MHC-heterozygosity and human facial attractiveness. *Evolution and Human Behavior, 26*, 213-226.

2 Hakkarainen, T.J., Krams, I., Coetzee, V., Skrinda, I., Kecko, S., Krama, T., ... & Rantala, M.J. (2021).

MHC class II heterozygosity associated with attractiveness of men and women. *Evolutionary Psychology, 19*, 1474704921991994.

3 Williams, M.N., & Apicella, C.L. (2023). Do humans agree on which body odors are attractive, similar to the agreement observed when rating faces and voices? *Evolution and Human Behavior, 44*, 120-130.

4 Schäfer, L., Sorokowska, A., Sauter, J., Schmidt, A.H., & Croy, I. (2020). Body odours as a chemosignal in the mother-child relationship: new insights based on an human leucocyte antigen-genotyped family cohort. *Philosophical Transactions of the Royal Society B, 375*(1800), 20190266.

room5 共感力をアップする

1 おおきな個人差

1 Abramson, L., Uzefovsky, F., Toccaceli, V., & Knafo-Noam, A. (2020). The genetic and environmental origins of emotional and cognitive empathy: Review and meta-analyses of twin studies. *Neuroscience & Biobehavioral Reviews, 114*, 113-133.

2 Beadle, J.N., & De la Vega, C.E. (2019). Impact of aging on empathy: Review of psychological and neural mechanisms. *Frontiers in Psychiatry, 10*, 331.

3 Sinai, Y.M., Ma, Y., Daleski, M.A., Gannot, S., Bartsch, R., & Gordon, I. (2023). Indices of the autonomic nervous system predict affect and emotional contagion, but not anxiety: A two-dimensional autonomic space approach. *Submitted to Psychophysiology*, Under review.

2 共感トレーニング

1 Trivedi-Bateman, N., & Crook, E.L. (2022). The optimal application of empathy interventions to reduce antisocial

behaviour and crime: A review of the literature. *Psychology, Crime & Law, 28,* 796-819. (

2 Okonofua, J.A., Saadatian, K., Ocampo, J., Ruiz, M., & Oxholm, P.D. (2021). A scalable empathic supervision intervention to mitigate recidivism from probation and parole. *Proceedings of the National Academy of Sciences, 118,* e2018036118.

3 Palade, T., & Pascal, E. (2023). Reducing bullying through empathy training: The effect of teacher's passive presence. *Behavioral Sciences, 13,* 216.

4 Teding van Berkhout, E., & Malouff, J.M. (2016). The efficacy of empathy training: A meta-analysis of randomized controlled trials. *Journal of Counseling Psychology, 63,* 32-41.

5 Ngo, H., Sokolovic, N., Coleman, A., & Jenkins, J. M. (2022). Teaching empathy to mental health practitioners and trainees: Pairwise and network meta-analyses. *Journal of Consulting and Clinical Psychology, 90,* 851-860.

6 Winter, R., Issa, E., Roberts, N., Norman, R.I., & Howick, J. (2020). Assessing the effect of empathy-enhancing interventions in health education and training: A systematic review of randomised controlled trials. *BMJ Open, 10,* e036471.

7 Smith, K.A., Bishop, F.L., Dambha-Miller, H., Ratnapalan, M., Lyness, E., Vennik, J., ... & Howick, J. (2020). Improving empathy in healthcare consultations: A secondary analysis of interventions. *Journal of General Internal Medicine, 35,* 3007-3014.

3 カウンセラー教育

1 Kuhnley, A.K., Nguyen, T.H., Gantt, A.C., & Hinkley, P. (2023). Creatively increasing empathy: The impacts of an online empathy workshop. *Journal of Creativity in Mental Health, 18,* 60-72.

2 Levitt, H.M., Collins, K.M., Morrill, Z., Gorman, K.R., Ipekci, B., Grabowski, L., ... & Wadler, B. (2022). Learning clinical and cultural empathy: A call for a multidimensional approach to empathy-focused psychotherapy

training. *Journal of Contemporary Psychotherapy, 52*, 267-279.

3 Chen, H., Liu, C., Cao, X., Hong, B., Huang, D.H., Liu, C.Y., & Chiou, W.K. (2021). Effects of loving-kindness meditation on doctors' mindfulness, empathy, and communication skills. *International Journal of Environmental Research and Public Health, 18*, 4033.

4 セラピストの分類

1 Elliott, R., Bohart, A.C., Watson, J.C., & Greenberg, L.S. (2011). Empathy. *Psychotherapy, 48*, 43-49.

2 Laverdière, O., Kealy, D., Ogrodniczuk, J.S., & Descôteaux, J. (2019). Got empathy? A latent profile analysis of psychotherapists' empathic abilities. *Psychotherapy and Psychosomatics, 88*, 41-43.

5 どう測定するか

1 金子周平・關戸啓子・下村明子 (2014).「ロールレタリングを用いた体験学習による看護学生の共感性の変容」日本看護科学会誌 34, 180-188.

2 Schurz, M., Radua, J., Tholen, M.G., Maliske, L., Margulies, D.S., Mars, R.B., ... Kanske, P. (2021). Toward a hierarchical model of social cognition: A neuroimaging meta-analysis and integrative review of empathy and theory of mind. *Psychological Bulletin, 147*, 293-327.

3 Zaki, J., Weber, J., Bolger, N., & Ochsner, K. (2009). The neural bases of empathic accuracy. *Proceedings of the National Academy of Sciences, 106*, 11382-11387.

4 Kynast, J., Quinque, E.M., Polyakova, M., Luck, T., Riedel-Heller, S.G., Baron-Cohen, S., ... & Schroeter, M.L. (2020). Mindreading from the eyes declines with aging: Evidence from 1,603 subjects. *Frontiers in Aging Neuroscience, 12*, 550416.

6 自律神経の同期

1 Israelashvili, J., & Karniol, R. (2018). Testing alternative models of dispositional empathy: The Affect-to-Cognition (ACM) versus the Cognition-to-Affect (CAM) model. *Personality and Individual Differences, 121,* 161-169.

2 Nelson, B.W., Laurent, S.M., Bernstein, R., & Laurent, H.K. (2017). Perspective-taking influences autonomic attunement between partners during discussion of conflict. *Journal of Social and Personal Relationships, 34,* 139-165.

room6 気持ちが伝わるしくみの謎

1 意思疎通

1 O'Connell-Rodwell, C.E. (2007). Keeping an "ear" to the ground: Seismic communication in elephants. *Physiology, 22,* 287-294.

2 Baotic, A., Garcia, M., Boeckle, M., & Stoeger, A. (2018). Field propagation experiments of male African savanna elephant rumbles: A focus on the transmission of formant frequencies. *Animals, 8,* 167.

3 Ball, R., Jacobson, S.L., Rudolph, M.S., Trapani, M., & Plotnik, J.M. (2022). Acknowledging the relevance of elephant sensory perception to human-elephant conflict mitigation. *Animals, 12,* 1018.

4 Jensen, F.H., Beedholm, K., Wahlberg, M., Bejder, L., & Madsen, P.T. (2012). Estimated communication range and energetic cost of bottlenose dolphin whistles in a tropical habitat. *The Journal of the Acoustical Society of America, 131,* 582-592.

2 点の動き

1 Simion, F., Regolin, L., & Bulf, H. (2008). A predisposition for biological motion in the newborn baby. *Proceedings of the National Academy of Sciences, 105,* 809-813.

2 Bidet-Ildei, C., Kitromilides, E., Orliaguet, J.-P., Pavlova, M., & Gentaz, E. (2014). Preference for point-light human biological motion in newborns: Contribution of translational displacement. *Developmental Psychology, 50,* 113-120.

3 Todorova, G.K., Hatton, R.E.M., & Pollick, F.E. (2019). Biological motion perception in autism spectrum disorder: A meta-analysis. *Molecular Autism, 10,* 49.

4 Kim, J., Park, S., & Blake, R. (2011). Perception of biological motion in schizophrenia and healthy individuals: A behavioral and FMRI study. *PloS One, 6,* e19971.

5 Sunahara, C.S., Rosenfield, D., Alvi, T., Wallmark, Z., Lee, J., Fulford, D., & Tabak, B. A. (2022). Revisiting the association between self-reported empathy and behavioral assessments of social cognition. *Journal of Experimental Psychology: General, 151,* 3304-3322.

3 人も感知できる?

1 McDonnell, A. (2014). The sixth sense-emotional contagion: Review of biophysical mechanisms influencing information transfer in groups. *Journal of Behavioral and Brain Science, 4,* 48378.

2 東北大学工学研究科 (2020).「心臓の微弱な生体磁気情報を日常生活環境下において簡便に検出する技術を開発」プレスリリース　https://www.eng.tohoku.ac.jp/news/detail-,-id,1760.html

3 Wang, C.X., Hilburn, I.A., Wu, D.A., Mizuhara, Y., Cousté, C.P., Abrahams, J.N., ... & Kirschvink, J.L. (2019). Transduction of the geomagnetic field as evidenced from alpha-band activity in the human brain. *eNeuro, 6*(2). e0483-18.2019.

4 Natan, E., Fitak, R.R., Werber, Y., & Vortman, Y. (2020). Symbiotic magnetic sensing: raising evidence and beyond. *Philosophical Transactions of the Royal Society B, 375,* 20190595.

5 Chae, K.S., Oh, I.T., Lee, S.H., & Kim, S.C. (2019). Blue light-dependent human magnetoreception in

geomagnetic food orientation. *Plos One, 14*, e0211826.

6 Zahran, S.K. (2019). Human bio-field and psychical sensitivity. *Journal of Psychology and Psychiatry Studies, 1*, 36-38.

7 McCraty, R. (2017). New frontiers in heart rate variability and social coherence research: Techniques, technologies, and implications for improving group dynamics and outcomes. *Frontiers in Public Health, 5*, 267.

8 McCraty, R. (2022). Following the rhythm of the heart: HeartMath Institute's path to HRV biofeedback. *Applied Psychophysiology and Biofeedback, 45*, 305-316.

4 未知なるエネルギー

1 湯浅泰雄 (1986).『気・修行・身体』平河出版社.

2 湯浅泰雄 (1991).『気とは何か』日本放送出版協会.

3 石田秀実 (1987).『気——流れる身体』平河出版社.

4 石田秀実 (2004).『気のコスモロジー』岩波書店.

5 坂出祥伸 (1997).『「気」と道教方術の世界』角川書店.

6 Cullen, B. (2022). Revisiting the concept of Qi as life force. 名古屋工業大学共通教育英語 New Directions,40, 1-15.

7 Kuhn, P. (2019). Body of Qi-Body in Qi. *Journal of Martial Arts Research, 2*, 1-18.

8 Westmoquette, M. (2021). Qi: A personal take on the intersection of TCM and the natural sciences. *Spirituality Studies, 7*, 13-23.

9 Zohuri, B., & Kim, C. (2022). Acupuncture driven depression treatment: A noninvasive approach with acupuncture and oriental medication. *Medical & Clinical Research*.

10 Boaventura, P., Jaconiano, S., & Ribeiro, F. (2022). Yoga and Qigong for health: Two sides of the same coin?

Behavioral Sciences, 12, 222.

11 Bat, N. (2021). The effects of reiki on heart rate, blood pressure, body temperature, and stress levels: A pilot randomized, double-blinded, and placebo-controlled study. *Complementary Therapies in Clinical Practice, 43*, 101328.

12 Armour, M., Smith, C.A., Wang, L.Q., Naidoo, D., Yang, G.Y., MacPherson, H., ... & Hay, P. (2019). Acupuncture for depression: A systematic review and meta-analysis. *Journal of Clinical Medicine, 8*, 1140.

5 エンパスさん

1 Matos, L.C., Machado, J.P., Monteiro, F.J., & Greten, H.J. (2021). Perspectives, measurability and effects of non-contact biofield-based practices: A narrative review of quantitative research. *International Journal of Environmental Research and Public Health, 18*, 6397.

2 Connor, M.H., Connor, C.A., Eickhoff, J., & Schwartz, G.E. (2021). Prospective empirical test suite for energy practitioners. *Explore, 17*, 60-69.

3 Leskowitz, E. (2022). A cartography of energy medicine: From subtle anatomy to energy physiology. *Explore, 18*, 152-164.

4 Orloff, J. (2019). *Thriving as an empath: 365 days of self-care for sensitive people*. Boulder, CO: Sounds True.

5 串崎真志 (2022).「エンパス傾向とスピリチュアリティ」関西大学人権問題研究室紀要 84, 1-10.

6 串崎真志 (2023).「エンパス傾向とセルフケア」関西大学人権問題研究室紀要 86, 21-30.

6 気持ちを生むハート

1 Hsueh, B., Chen, R., Jo, Y., Tang, D., Raffiee, M., Kim, Y.S., ... & Deisseroth, K. (2023). Cardiogenic control of affective behavioural state. *Nature, 615*, 292-299.

2 Brown, C.L., West, T.V., Sanchez, A.H., & Mendes, W.B. (2021). Emotional empathy in the social regulation of distress: A dyadic approach. *Personality and Social Psychology Bulletin, 47*, 1004-1019.

3 Lischke, A., Pahnke, R., Mau-Moeller, A., & Weippert, M. (2021). Heart rate variability modulates interoceptive accuracy. *Frontiers in Neuroscience, 14*, 612445.

4 Lischke, A., Weippert, M., Mau-Moeller, A., Jacksteit, R., & Pahnke, R. (2020). Interoceptive accuracy is associated with emotional contagion in a valence-and sex-dependent manner. *Social Neuroscience, 15*, 227-233.

5 Imafuku, M., Fukushima, H., Nakamura, Y., Myowa, M., & Koike, S. (2020). Interoception is associated with the impact of eye contact on spontaneous facial mimicry. *Scientific Reports, 10*, 19866.

6 Koeppel, C.J., Ruser, P., Kitzler, H., Hummel, T., & Croy, I. (2020). Interoceptive accuracy and its impact on neuronal responses to olfactory stimulation in the insular cortex. *Human Brain Mapping, 41*, 2898-2908.

7 Gajewski, M., Różycka-Tran, J., & Le, H. (2019). Psycho-physiological mechanism of energy transfer in the human body: Myth or reality? *Health Psychology Report, 7*, 267-275.

room7 テレパシーはある？

1 臨床的な直感

1 Mack, J., & Powell, L. (2005). Perceptions of non-local communication: Incidences associated with media consumption and individual differences. *North American Journal of Psychology, 7*, 279-294.

2 Zelis, N., Mauritz, A.N., Kuijpers, L.I., Buijs, J., de Leeuw, P.W., & Stassen, P.M. (2019). Short-term mortality in older medical emergency patients can be predicted using clinical intuition: A prospective study. *PloS One, 14*, e0208741.

3 Stolper, C.F., van de Wiel, M.W.J., van Bokhoven, M.A., Dinant, G.J., & Van Royen, P. (2022). Patients' gut

feelings seem useful in primary care professionals' decision making. *BMC Primary Care, 23,* 178.

4 Vanstone, M., Monteiro, S., Colvin, E., Norman, G., Sherbino, J., Sibbald, M., ... & Peters, A. (2019). Experienced physician descriptions of intuition in clinical reasoning: A typology. *Diagnosis, 6,* 259-268.

5 Shapiro, Y., & Marks-Tarlow, T. (2021). Varieties of clinical intuition: Explicit, implicit, and nonlocal neurodynamics. *Psychoanalytic Dialogues, 31,* 262-281.

2 精神分析とテレパシー

1 Rabeyron, T., Evrard, R., & Massicotte, C. (2021). Psychoanalysis and telepathic processes. *Journal of the American Psychoanalytic Association, 69,* 535-571.

2 フロイト／中山元訳 (2021).『フロイト、夢について語る』光文社古典新訳文庫.

3 河合俊雄 (2023).『夢とこころの古層』創元社.

3 どんな人に生じるか

1 Schwartz, S.A. (2018). Non-local consciousness and the anthropology of dreams. Explore: *The Journal of Science and Healing, 14,* 107-110.

2 Cervantes, C.L., & Fernandez, K.T.G. (2023). The interpretation of a phenomenon: Telepathy in psychotherapy among therapists trained under Fr. Jaime C. Bulatao. *Asia Pacific Journal of Counselling and Psychotherapy, 14.*

3 Charman, R.A. (2012) Twin telepathy reconsidered. *The Scientific Medical Network Review*, Summer 2012, 15-17.

4 Brusewitz, G. (2019). *Attachment and exceptional experiences among twins* (Doctoral dissertation, University of Greenwich).

5 Wahbeh, H., Cannard, C., Radin, D., & Delorme, A. (2024). Who's calling? Evaluating the accuracy of guessing

who is on the phone. *Explore, 20*, 239-247.

4 どんな見方が？

1 ブライアングリーン／大田直子 (2013).『隠れていた宇宙（上）』早川書房.
2 杉尾一 (2014).「物理学の認識論的転回（要約）」慶應義塾大学大学院文学研究科博士学位請求論文.
3 冲永宜司 (2018).「超越的次元のゆくえ——宗教経験の脳神経科学をふまえて」宗教哲学研究 35, 13-27.
4 Arnd-Caddigan, M. (2019). Clinical intuition and the non-material: An argument for Dual Aspect Monism. *Journal of Religion & Spirituality in Social Work: Social Thought, 38*, 281-295.

5 超常現象を信じるか

1 Branković, M. (2019). Who believes in ESP: Cognitive and motivational determinants of the belief in extra-sensory perception. *Europe's Journal of Psychology, 15*, 120-139.
2 Seymour, K., Sterzer, P., & Soto, N. (2022). Believing is seeing: The link between paranormal beliefs and perceiving signal in noise. *Consciousness and Cognition, 106*, 103418.
3 Escolà-Gascón, Á. (2022). Forced-choice experiment on Anomalous Information Reception and correlations with states of consciousness using the Multivariable Multiaxial Suggestibility Inventory-2 (MMSI-2). *Explore, 18*, 170-178.
4 Williams, J.M., Carr, M., & Blagrove, M. (2021). Sensory processing sensitivity: Associations with the detection of real degraded stimuli, and reporting of illusory stimuli and paranormal experiences. *Personality and Individual Differences, 177*, 110807.
5 Marks, D.F. (2021). God spoke to me: Subjective paranormal experience and the homeostatic response to early trauma. *Imagination, Cognition and Personality, 40*, 223-272.

6 神秘体験と十牛図

1 Bitēna, D.K., & Mārtinsone, K. (2021). Mystical experience has a stronger relationship with spiritual intelligence than with schizotypal personality traits and psychotic symptoms. *Psychology of Consciousness: Theory, Research, and Practice.* Advance online publication.

2 Beischel, J. (2019). Spontaneous, facilitated, assisted, and requested after-death communication experiences and their impact on grief. *Threshold: Journal of Interdisciplinary Consciousness Studies, 3,* 1-32.

3 Corneille, J.S., & Luke, D. (2021). Spontaneous spiritual awakenings: Phenomenology, altered states, individual differences, and well-being. *Frontiers in Psychology, 12,* 720579.

4 上田閑照柳田聖山 (1992).『十牛図――自己の現象学』ちくま学芸文庫.

また会いましょう

本書では**気持ちが合う**ことを、「言葉なしで伝わったり、タイミングが自然に合ったりするコミュニケーション」と定義したうえで、room1で〝共感の心理学〟をおさらいし、room2で共感することの「難しさ」を述べました。

room3から主題に入り、気持ちが伝わるしくみを「動作模倣」「自律神経同期」「嗅覚コミュニケーション」で説明しました。

room4では、《情動伝染》が「癒し」の本質であること、そして相性の科学としてヒト白血球抗原（HLA）や匂いについて、お話しました。

room5では、共感を訓練（練習）で伸ばしていく研究を紹介しました。

room6では《情動伝染》のさらなる説明要因として、「バイオロジカル・モーション知覚」「生体磁気」「気のエネルギー」を仮定しました。

room7では、《情動伝染》の距離をどんどん延長した場合の遠隔コミュニケーション、すなわちテレパシーは可能か？　について考えました。私自身はテレパシーを「離れた人と気持ちがつながる瞬間」と捉え、主観的にはありふれた体験と考えます。

私の《情動伝染》に対する関心は、心理療法やカウンセリングの場面から出発しています。〝共感〟を中心にした心理療法は、古くて新しいテーマであり、今後ますます重要になることでそう。それだけでなく、人や動物のコミュニケーションのありかたそのものにもかかわる、とても奥の深いテーマだと、改めて感じました。

最後になりますが、執筆の貴重な機会をくださった、木立の文庫・津田敏之氏にココロからお礼を申し上げます。本書は、関西大学大学院心理学研究科「CSPPプロジェクト」科目〔二〇二三年春学期〕の内容をもとにしています。受講生の三名の皆さん、ありがとうございました。夏休みの課題として集中して執筆することができました。

二〇二三年八月

串崎真志

《感じるココロの不思議》別巻

『敏感の学校』

——繊細少女マイの日常——

別巻では、繊細な人びとの豊かな世界を、小説（ライトノベル）でお楽しみください。次のURLリンク（QRコード）にアクセスすると、ログイン・会員登録など無しで、無料でお読みいただけます。

https://sites.google.com/view/sensitivegirl/

お手にとってくださった皆様へ

このたびは“三色”ブックレット《感じるココロの不思議》を手にとってくださり、ありがとうございます。

唐突ですが、私は動物が大好きで、いまは文鳥を二羽（ハナちゃん、モカちゃん）育てています。文鳥の寿命は７年ほどなので、人間の年齢でいうと一ヵ月に１歳ずつ大きくなります。一週間で３ヶ月も歳をとるわけですね。そんなことを想像しながら見ていると、不思議とココロがつながり、鳥と会話できるようになりました。「主観世界」（意味の世界）に入ることで、共感・直感・好感が研ぎ澄まされ、さまざまなことがつながり、広がっていくわけです。このような“感じるココロ”のワンダーランドを、できるだけ「客観世界」の言葉で語ってみたい。そういう動機で本書を執筆しました。このブックレットが、皆様の“意味の世界”の理解に少しでも役立つことができますなら、幸いです。

私と編集者の津田敏之さん〔木立の文庫〕は、銭湯を通じての同好の士です。今回の本づくりの始まりは、京都市内の銭湯に一緒に立ち寄った帰りに、一杯飲みながら『串崎さん、ユニークな企画を考えませんか？』と声をかけてもらったことでした。私はちょうど、大学院で〈共感〉に関する授業をしていたので、『じゃあ、その内容から編んでみましょう！』となりました。そこから思いがけずアイディアが広がり、上記のような趣旨に光をあてて、当ブックレットの三テーマを据えることになりました。

造本デザイナーの寺村隆史さん、イラストレーター坂本伊久子さんのお力尽くしで、こうした“飾っておしゃれ、読んでココロ休まる”すてきな本に仕上がりました。感謝を申し上げます。

著者紹介

串崎真志（くしざき・まさし）

1970年生まれ、大阪大学大学院人間科学研究科修了、博士（人間科学）。

同志社女子大学専任講師を経て、現在、関西大学文学部教授・心理学研究科長。訳書（監修）に『感じやすいあなたのためのスピリチュアル・セルフケア』〔金剛出版, 2024年〕など。

感じるココロの不思議 共感の学校
気持ちが合う人間関係

2024年 9 月30日　初版第 1 刷印刷
2024年10月10日　初版第 1 刷発行

著　者　串崎真志

発行者　津田敏之
発行所　株式会社 木立の文庫
京都市下京区
新町通松原下る富永町107-1
telephone 075-585-5277
faximile 075-320-3664
造本・組版　寺村隆史
イラスト　坂本伊久子
印刷製本　モリモト印刷株式会社
ISBN978-4-909862-38-9 C1011

感謝と優しさと祈り――
未知なるエネルギーの散歩道

room 1
エネルギー心理学

room 2
神秘体験

room 3
超常体験

room 4
超常現象信念

room 5
意識はどこに？

room 6
夢、また夢

room 7
サイ現象

room 7
ポジティブ・エネルギー

感じるココロの不思議 赤の巻

好感の学校

ポジティブ・エネルギーで生きる

串崎真志［著］

四六変形判／丸フランス装／132頁　◉**定価1,540円**（税込）

ISBN978-4-909862-40-2

精神療法でわたしは変わった 2

「よい子」の危うさ

増井武士:著／神田橋條治:解説
四六変型判並製144頁　定価1,760円
2024年7月刊　ISBN978-4-909862-36-5

マンガ ねこの言いぶん

もしもしカウンセラーが耳を傾けたら

菅 佐和子:作／おがわさとし:画／竹宮惠子:寄稿
A5判並製146頁　定価1,980円
2024年6月刊　ISBN978-4-909862-35-8

サブカルチャーのこころ

オタクなカウンセラーがまじめに語ってみた

笹倉尚子・荒井久美子:編著／坂本伊久子:挿画
四六変型判並製384頁　定価2,420円
2023年5月刊　ISBN978-4-909862-29-7

素顔のアスリート

生きづらさと共感　四つの物語

中島登子:編　四六変型判並製152頁　定価1,780円
2021年5月刊　ISBN978-4-909862-19-8

バンヤンの木の下で

不良外人と心理療法家のストーリー

池見 陽&エディ・ダスワニ:著
新書判並製400頁　定価1,980円
2020年10月刊　ISBN978-4-909862-15-0

（価格は税込）